ESTUDIOS
DE HISTORIA CONTEMPORANEA
SIGLO XXI

Los intelectuales españoles
durante la II República

Jean Bécarud es Director de la Biblioteca del Senado francés y da cursos en la Universidad de París IV (Sorbona).

Ha publicado numerosos artículos y libros sobre temas españoles. Entre sus libros destacamos: *La Segunda República Española*, Madrid, Taurus, 1967; *Los Anarquistas españoles* (con Gilles Lapouge), Barcelona, Anagrama-Laia, 1972; *De «La Regenta» al Opus Dei*, Madrid, Taurus, 1977; y, bajo el seudónimo de Daniel Artigues, *El Opus Dei en España*, París, Ruedo Ibérico, 1971.

Evelyne López Campillo es profesora del Departamento de Estudios Hispánicos y Latinoamericanos de la Universidad de París IV (Sorbona). Ha publicado en Taurus un estudio sobre *«La Revista de Occidente» y la formación de minorías*.

Estudios
de historia contemporánea
Siglo XXI

LOS INTELECTUALES ESPAÑOLES DURANTE LA II REPUBLICA

por

Jean Bécarud

y

Evelyne López Campillo

siglo
veintiuno
editores

mexico
españa
argentina

siglo veintiuno editores, sa
CERRO DEL AGUA 248, MEXICO 20, D.F.

siglo veintiuno de españa editores, sa
C/PLAZA 5, MADRID 33, ESPAÑA

siglo veintiuno argentina editores, sa

siglo veintiuno de colombia, ltda
AV. 3a 17-73 PRIMER PISO BOGOTA. D.E COLOMBIA

946.08
B 388i

Primera edición, abril de 1978
© Siglo XXI de España Editores, S. A.
Calle Plaza, 5. Madrid-33

© JEAN BECARUD
© EVELYNE LOPEZ CAMPILLO

Derechos reservados conforme a la ley

ISBN: 84-323-0302-X
Depósito legal: M. 8.029-1978   78-7706

Impreso y hecho en España
Printed and made in Spain

Closas-Orcoyen, S. L. Martínez Paje, 5. Madrid-29

INDICE

El tan trillado tópico que atribuye a los intelectuales una especie de paternidad con respecto a la segunda República española legítima, en cierto modo, el breve estudio que ofrecemos a los lectores. Con todas las restricciones y matizaciones que pueda el análisis aportar a semejante visión, no deja de ser cierto que en el establecimiento, auge y derrumbe del sistema republicano de 1930 a 1936 la intelectualidad desempeñó un papel dinámico que presenta analogías —y divergencias— con lo que ocurrió en la Revolución francesa de 1789 y en la rusa de 1917.

Pero, una vez aceptado lo que parece imponerse como una evidencia tanto a los historiadores de derechas como a los de izquierdas, no puede dejar de plantearse una pregunta en cuanto a la noción propiamente dicha de «intelectual». Se trata evidentemente de un término que, por más que se emplee cada vez más ampliamente desde principios de este siglo, no por eso deja de suscitar una serie de problemas complejos al intentar definirlo con cierta precisión.

Louis Bodin, en un corto pero sustancial opúsculo[1], empieza por recalcar que no se puede elaborar una definición del intelectual separándola de una sociedad y de una cultura determinada, ya que la función propia del intelectual es establecer un cierto tipo de mediación entre los dos términos. Bajo otra forma, Gramsci no había dicho otra cosa al considerar al intelectual como el que lleva al nivel teórico y consciente las diversas concepciones del mundo que existen en una sociedad. Pero, aun así, la noción de intelectual sigue presentándose con gran borrosidad. Una solución cómoda para no quedar en el aire acaso sea exponer las diferentes acepciones de la palabra elaboradas por Juan Marsal[2], quien las enumera como a granel, de la

[1] *Les intellectuels*, PUF, París, 1962, p. 17.
[2] Juan Marsal, *Los intelectuales políticos*, Editorial Nueva Visión, Madrid, 1971, p. 87.

1

manera siguiente: 1) Los «literatos» u «hombres de letras»; 2) «Todo individuo con un título o un diploma superior»; 3) «El trabajador intelectual (es decir, todo aquel que trabaja con la cabeza más que con las manos)»; 4) Todos aquellos que crean, distribuyen o explican cultura»; 5) «El ideólogo de clase o partido»; 6) «Aquel que generaliza saber en forma más o menos literaria para un público más amplio que el de su círculo profesional».

Ya vemos cuán variados son los tipos humanos que abarca el conjunto de estas definiciones. En el marco de un ensayo como éste, que descarta las discusiones metodológicas sobre el concepto de intelectual, al querer ser rápido y sintético, es patente que se impone una decisión: la última definición propuesta por Marsal comporta, a este respecto, unos criterios fundamentales, como el de audiencia y de influencia. Dentro del marco forzosamente restringido que es el nuestro, ¿no cabría hacer hincapié en esta noción? y ¿no sería conveniente dedicarse a poner de relieve más especialmente las tomas de posición, juicios de valor sobre los acontecimientos, susceptibles de actuar sobre un público relativamente amplio, procedentes sea de un escritor famoso, sea de un gran universitario o de un médico ilustre?

Tal es la solución que nos pareció adecuada en nuestro caso. Pero al lado de estos representantes privilegiados del mundo del espíritu, cuyos comportamientos sucesivos se procura indicar al lector, también se intentará no dejar en el olvido la actitud conjunta y las reacciones de los «trabajadores intelectuales de base», personal docente, estudiantes o periodistas, por ejemplo. En la medida al menos en que se dispone de testimonios válidos sobre las reacciones de estos medios.

Una última cuestión, ya no de método, sino de fondo, merece plantearse antes de empezar un análisis destinado a aclarar la influencia de los intelectuales sobre los orígenes de la segunda República y sus comportamientos entre 1931 y 1936: la especie de «super-influencia» de los intelectuales sobre la vida pública que, según los historiadores de todo corte, se constata en torno a 1930, ¿no es un fenómeno que contradice todo lo que hasta tal fecha se había podido observar en España? Y ¿cómo puede compaginarse tal estado de cosas con la célebre frase de Ortega y Gasset: «en España es tradicional, inveterado, multisecular el odio al ejercicio intelectual»?

Verdaderamente, no cabe duda de que el problema ha sido siempre más complejo de lo que puede hacerlo suponer el abrupto juicio de Ortega y tendremos la ocasión de indicarlo al describir los grandes rasgos del mundo intelectual español y su evolución desde principios del siglo xx. Pero una ojeada a la historia española después de la guerra de la Independencia permite darse cuenta de que, a lo largo del siglo xix, esferas intelectuales y poder han tenido sus momentos de contacto y de comprensión. Que se trate de la penetración de las ideas liberales en los salones literarios o elegantes del Madrid romántico o del prestigio de la Institución Libre de Enseñanza, para varias generaciones de hombres, los ejemplos no faltan. No existe en la España del siglo xix la compartimentación que se observa en Gran Bretaña entre las grandes universidades, cenáculos relativamente muy cerrados de alta cultura y los «clubs» de Londres donde se hace la política, bien alejada del movimiento de las ideas. Bien es cierto que el escritor, el hombre de letras están lejos de tener en España la misma audiencia que en Francia, y tampoco gozan en España los profesores de Universidad del inmenso prestigio social que conocen en Alemania. Pero, a pesar de todo, no puede decirse que el mundo intelectual español esté desligado del poder, como lo estuvo la «intelligentsia» rusa en la segunda mitad del siglo xix. Considerando dos casos personales, ¿no es justo observar que el propio Cánovas era un intelectual, al tiempo que un político superdotado? Y, entre los liberales, ¿no conviene decir otro tanto de Sagasta, Montero Ríos, Moret, Canalejas? ¿No han sido «institucionalistas» que nunca han renegado de su filiación? En definitiva, a causa de un cierto número de razones que cabría aclarar, durante el reinado personal de Alfonso XIII han ido desapareciendo muchas «pasarelas» que existían entre el mundo intelectual y el mundo político. Y el corte se hace aún más profundo a partir de 1923, entre los detentadores del poder y una generación intelectual que va adquiriendo el aspecto, frente a estos últimos, de representantes de un *contrapoder*. Describir este proceso es indispensable

3

para comprender la situación española en 1930, después de la caída de Primo de Rivera.

En cambio, después de pensarlo bien, hemos preferido no tratar el comportamiento de los intelectuales en las regiones en las que existía un movimiento de carácter regionalista, Galicia, Provincias Vascongadas y Cataluña principalmente, pareciéndonos que estos tres sectores geográficos, y especialmente Cataluña, poseían su propio «universo cultural», de tal modo que los intelectuales se mueven allí en función de un mundo particular que tiene sus propios problemas, aunque se interfieran éstos a veces, pero no siempre, ni mucho menos, con los de la esfera madrileña y castellana. Nos ha parecido más adecuado dejar este trabajo a unos especialistas más familiarizados que nosotros con la lengua, la mentalidad, las preocupaciones catalanas o gallegas, pensando que ellos sabrán apreciar más exactamente el comportamiento político de aquellos intelectuales que gravitan en torno a Barcelona o a Santiago de Compostela.

1. LOS INTELECTUALES ANTE LA SITUACION HEREDADA DE LA MONARQUIA (1930)

I. EVOLUCION DE LA CAPA DE LOS INTELECTUALES DENTRO DE LA SOCIEDAD ESPAÑOLA EN EL SIGLO XX

No cabe duda, al compararla con Francia o Inglaterra, de que España llevó a cabo más tarde que estas dos naciones el proceso de crecimiento y concentración de sus «trabajadores intelectuales». La amplitud numérica de esta capa social está en relación directa con el auge del sector terciario, cuyo crecimiento en las naciones europeas depende estrechamente del desarrollo industrial conseguido. Así pues, aunque en Inglaterra tuvo lugar este doble despegue algo antes que en Francia, puede decirse que ambas naciones representaron, durante el siglo XIX, el modelo de desarrollo del grupo de los trabajadores intelectuales, por el que suspiraban dos naciones vecinas, todavía no centralizadas nacionalmente (Alemania e Italia), y otra, España, que había realizado ya su unidad nacional hacía siglos, pero que estaba a la retaguardia de Europa desde el punto de vista del desarrollo industrial.

El desarrollo económico conseguido bajo la Restauración —gracias, entre otras cosas, al aumento de la producción triguera, efecto de la Desamortización[1], a la entrada de capitales extranjeros y a la repatriación de capitales coloniales— permitió, bien es cierto, al Estado español hacer crecer el sector público, pero los intelectuales no lograron penetrarlo en masa de una manera satisfactoria, ni en la diplomacia, ni en la enseñanza[2], menos aún en la administración[3] y en los

---

[1] Véase sobre este punto el libro de Enrique Barón, *El final del campesinado*, Zyx, Madrid, 1971, p. 44.

[2] La creación de la Institución Libre de Enseñanza es consecuencia de este fenómeno.

[3] Hay que releer, desde este punto de vista, las novelas de Galdós, especialmente *Miau*.

cargos de carácter político[4], ni desalojar de allí a los empleados incondicionales de la monarquía, de la Iglesia y de los partidos turnantes.

El desánimo de Ganivet, el tono profético de Costa, las congojas de Unamuno, la melancolía de Baroja, la tonalidad desilusionada del conjunto de los escritos de los del 98 en torno al principio del siglo XX acaso provengan en parte de este insuficiente peso sociológico de los intelectuales españoles, característica ésta que el propio Ortega no dejará de subrayar aun en los años más optimistas de su vida (1914 y 1930). De esta marginación del intelectual español en su sociedad es buena prueba el que las dos instituciones que dan su sello a la vida cultural española, el Ateneo y la Institución Libre de Enseñanza sean tangenciales a la vida oficial[5].

Uno de los efectos del crecimiento de los sectores de la industria y de los servicios fue el desarrollo urbano, rapidísimo desde principios de siglo[6]: el crecimiento de las ciudades tuvo como efecto inmediato unas necesidades mayores en materia de enseñanza[7], información, cultura y arte. Al mismo tiempo, el desarrollo industrial requería cada vez más ingenieros y técnicos. Así se formó en pocos años una nueva generación de «trabajadores intelectuales» (en la prensa, la edición, empresas y administraciones) que consiguieron tomar conciencia de su importancia a través, fundamentalmente, de los millares de artículos escritos por sus ideólogos, quienes aprovechaban todas las circunstancias sociales o políticas convenientes para difundir su visión del mundo. Ya es un tópico decir[8] que la

---

[4] El propio sistema electoral, instituido por un ex intelectual transformado en político, Cánovas, y basado en el caciquismo, hace difícil a los intelectuales llegar a hacerse elegir en los municipios y en las Cortes.

[5] Mientras que la mayor parte de los intelectuales franceses habían pasado, mal que bien, por el aro de las Universidades, de la Ecole Normale Supérieure o de la Polytechnique.

[6] Una buena descripción de tal fenómeno se encuentra en el tomo V de la *Historia social y económica de España y América* de Vicens Vives y colaboradores, Teide, Barcelona, 1957.

[7] Poco antes de 1910 se crean la JAE (Junta para Ampliación de Estudios), la Escuela Superior del Magisterio, etc.

[8] Después del artículo novador de Juan Marichal: «La generación de los intelectuales y la política (1909-1914)», en *La cri-*

Semana Trágica marca la entrada en liza de los «intelectuales» como grupo coherente decidido a presionar en la opinión merced a manifiestos, banquetes o campañas de prensa.

El fraccionamiento de los partidos políticos turnantes, bajo el peso de una realidad social en cambio rápido y el desprestigio del parlamentarismo dejan, a partir de 1910-1911, un margen mayor de acción a los intelectuales disconformes con el sistema canovista, pero, a su vez, éstos tienen que tener en cuenta, en sus utopías sociales y políticas, tres realidades bien concretas, tres fuerzas sociales que van a manifestarse con una beligerancia creciente en la España de la primera guerra mundial y de la crisis de la posguerra: el ejército, la organización sindical del proletariado y la radicalización del regionalismo. Frente a estas realidades, los intelectuales reforzarán su conciencia de grupo y se sentirán cada vez más deseosos de ofrecer una solución política de recambio a la burguesía industrial dinámica y a las clases medias descontentas. Puede decirse que, a partir del año 1917 —a pesar y en parte a causa del fracaso de la huelga general de agosto—, los intelectuales quieren desplazar de los mandos políticos a los representantes de la jerarquía tradicional (Iglesia, ejército, aristocracia). Tal aspiración tendrá que esperar, para poder realizarse, al año 1931, ya que la crisis de la posguerra, con las impresionantes luchas sociales que provocó en el campo y en las ciudades industriales, sobre todo en Barcelona, dio ocasión a que se estableciera la dictadura de Primo de Rivera y obligó a los intelectuales a replegarse al terreno cultural o a pasar a una heterodoxia abierta (actitud de Ortega o de Unamuno).

¿Quién ignora la guerra, o guerrilla, que libró el Dictador con los intelectuales contestatarios, censurando a los más, exiliando a algunos, deteniendo a otros? Sin embargo, puede considerarse que fue él quien creó las condiciones sociales y políticas imprescindibles para que un puñado de pensadores, escritores, profesores y artistas pasase de élite del saber a élite del poder, sin

sis de fin de siglo: ideología y literatura, Ariel, Barcelona, 1974, páginas 25-41.

más ni más: entre otras cosas, debilitando el caciquismo al dejar durante varios años en desuso el sistema electoral, inquietando a la oligarquía industrial con sus conatos de dirigismo económico y cediendo ante estudiantes y profesores universitarios que se manifestaban por la supresión del decreto dando el derecho a examinar a las Universidades católicas.

Mejor aún, en el seno mismo del grupo de los intelectuales, la arbitrariedad de la Dictadura refuerza la cohesión. Es bueno recordar aquí que después del cierre del Ateneo por el gobierno de Primo y después del destierro de Unamuno a Fuerteventura, en el año 1924, unos intelectuales de profesión y de ideologías distintas elaboran un manifiesto de protesta en el que el criterio defendido en contra de la situación de fuerza creada por el golpe de Estado del general es la vuelta al derecho, a la normalidad constitucional[9]. Puede parangonarse tal actitud del grupo intelectual español con la reacción de los «intelectuales» franceses, quienes se irguieron, unos veinticinco años antes, contra las ilegalidades del asunto Dreyfus.

Desde el punto de vista de la sociedad española en su conjunto, el cambio experimentado por las estructuras sociales durante los años de la Dictadura es considerable (trasvase de unas 500.000 personas del sector agrario a la industria, es decir, otra vez crecimiento de la población urbana, lo cual duplica el efecto demográfico de los años 1910-1920): las ansias de cambio social del proletariado del campo y de la ciudad llegan a ser tan fuertes, el malestar de las clases medias tan evidente, que, dado la ausencia de otras soluciones (fascismo o comunismo), este grupo de intelectuales ideológicamente heterogéneo resultará ser, por su *disconformidad,* el núcleo en el que cristalizarán las esperanzas revolucionarias de buena parte de los estamentos españoles.

---

[9] En el libro de Eduardo de Guzmán, *1930, historia de un año decisivo,* Tebas, Madrid, 1973, pp. 64 *ss.,* se encuentra el texto de este manifiesto.

8

Desde diferentes sectores de la intelectualidad habían surgido protestas contra el régimen de censura instaurado nada más implantarse la dictadura militar del general Primo de Rivera. El artículo muy crítico de Manuel Azaña titulado «La dictadura en España», aparecido primero en la revista *Europe* de París y luego en *Nosotros* de Buenos Aires, marcó el comienzo de las hostilidades después de unos meses de consenso; a este texto hay que añadir, del mismo autor, su «Apelación a la República», de 1924. El paso siguiente lo constituyó esa «Carta al Dictador» (a la que aludíamos más arriba), firmada por 170 intelectuales (escritores, catedráticos, abogados, periodistas, médicos, ingenieros, etc.), destinada a desmentir las declaraciones del Dictador, quien afirmaba reiteradamente que toda España se adhería a su política, salvo los que estaban a favor de los viejos partidos políticos. Firmaban este manifiesto, entre otros, Ortega, Marañón, Pérez de Ayala, Jiménez de Asúa, Pittaluga, Marquina, Zulueta, Camba, Palacios, Albornoz, Sainz Rodríguez.

Los intelectuales siguieron organizándose políticamente durante la Dictadura, principalmente en torno a grupos republicanos. Las más importantes de estas agrupaciones fueron: Acción Republicana (de José Giral y Enrique Martí Jara, catedráticos) en 1925, grupo que intenta formar una coalición antidinástica (reuniendo al Partido Federal, al Partido Republicano Catalán y al Partido Radical), la cual llegará a existir en febrero de 1926, llamándose Alianza Republicana. Su manifiesto irá firmado, entre otros, por Azaña, Luis Bello, Vicente Blasco Ibáñez, Antonio Machado, Marañón, Juan Negrín, Eduardo Ortega y Gasset, Pérez de Ayala, Unamuno.

Mientras tanto, tras la dimisión de Palacio Valdés como presidente del Ateneo (19 de febrero de 1924), el gobierno clausuraba el centro el 20 del mismo mes y empezaba la «lenta agonía» de la gloriosa institución cultural, cuya Junta dimitió en octubre de aquel año.

Poco después del cierre del Ateneo, el 28 de febrero de 1924, salía de Cádiz, rumbo a Canarias, el barco que llevaba al confinamiento a Miguel de Unamuno y a Rodrigo Soriano, castigados juntos por sus ataques al Dictador. Y le toca el turno luego a Luis Jiménez de Asúa cuando protesta con motivo de la concesión de la cátedra de Unamuno a un opositor nuevo: le confinan en las islas Chafarinas el 29 de abril de 1926, sanción que se le levanta el 17 de mayo del mismo año.

También intenta la Dictadura reconquistar las posiciones que había conseguido la Institución Libre de Enseñanza en el aparato estatal de la Instrucción Pública: el 22 de mayo de 1926, José Castillejo tiene que cesar como presidente de la Junta para Ampliación de Estudios, cuya autonomía se reduce.

Estas protestas intelectuales contra el intento de la Dictadura de poner la cultura al servicio del régimen, a partir de 1928, convergen con el descontento de los *estudiantes* ante la concesión por Primo del Estatuto Universitario a los centros docentes superiores de la Iglesia. Encarcelamiento de ciertos profesores, persecuciones contra el estudiante Sbert, renuncia de otros profesores a sus cátedras, manifiesto de protesta de otros, cierre de varias Universidades, nota oficiosa de Primo, declarando su intención de ir cerrándolas todas, una por una, si se ponen tercas [10]. Puede decirse que todos los esfuerzos del Dictador por desprestigiar a la intelectualidad y separarla de la opinión pública, haciéndola aparecer como parasitaria y antipatriótica, habían fracasado. Por el contrario, parece como si las persecuciones, algo torpes y carentes del radicalismo bárbaro de otros regímenes dictatoriales, no hubiesen hecho más que hacerle tomar una conciencia más clara de su coherencia, en tanto que grupo social e ideológico, incompatible ya con la forma política dictatorial adoptada por la monarquía española en la coyuntura del crecimiento capitalista de los años de la posguerra mundial.

III. LOS INTELECTUALES Y LA MONARQUIA

No puede decirse que entre la intelectualidad española en su conjunto y el monarca Alfonso XIII existiesen afinidades, ni aun una relación de reconocimiento mu-

---

[10] Ricardo de la Cierva, *Historia de la guerra civil española*, I, Editorial San Martín, Madrid, 1969.

tuo y de convivencia cordial, parecida a la que existía en Inglaterra o en Suecia. La base social en que pretendía el rey apoyarse era ante todo la red caciquil conservadora, la totalidad de la aristocracia y una parte de las clases medias terratenientes o funcionarias, cuyos hijos podían hacer carrera también en la Iglesia o en el ejército. Por sus relaciones con la estructura clerical, con el ejército y con la aristocracia, esta base social era radicalmente antagónica del grupo de los intelectuales cuya función ideológica no era asentar el pensamiento tradicional (demasiado vinculado a la Iglesia en España), sino propagar las ideas liberales capaces de poner en tela de juicio la organización social y política conservadora.

A partir de la primera guerra mundial, las relaciones de los intelectuales con la monarquía se vuelven más tensas. Aunque se le supone al monarca una cierta aliadofilia, influido por su esposa inglesa, ésta probablemente no trascendía de un círculo más bien íntimo, mientras que la inmensa mayoría de la prensa monárquica y conservadora difundía una propaganda netamente germanófila. En cambio, la mayoría de la intelectualidad (salvo unas famosas excepciones, como Benavente, a quien la prensa conservadora esgrimía como ejemplo para afirmar que los «intelectuales» eran germanófilos) consideraba las «democracias» en lucha, y especialmente a Francia, como el modelo de las naciones, precisamente porque sus intelectuales desempeñaban en ella un papel social y político más importante que en España. Así pues, temían que el rey, por su deseo de no separarse lo más mínimo del ejército, influyese para romper la neutralidad y lanzar a España a combatir al lado de esos Imperios centrales en que el militarismo era una religión de Estado.

El antagonismo de los intelectuales con el rey se acentuó aún más con la actitud de cooperación maquiavélica que éste adoptó frente a la rebelión de las Juntas Militares de Defensa a partir del año 1917 hasta el desastre de Annual. A partir de esta famosa derrota, en julio de 1921, los intelectuales pueden enlazar razonablemente su actividad antimilitarista con su desconfianza hacia el personaje del rey.

Durante la dictadura del general Primo de Rivera, la censura, el cierre del Ateneo, las multas y el exilio de los más audaces frenaron la expresión «cultural» de la crítica intelectual al personaje del monarca. En esos años, los ataques más violentos al rey provinieron de las *Hojas Libres* de Unamuno y Eduardo Ortega y Gasset, desde Hendaya y de Vicente Blasco Ibáñez (y Unamuno) desde las columnas del semanario *España con Honra*. También hay que dedicar un recuerdo a los desplantes de Valle Inclán, castigados con alguna que otra noche en la comisaría. Hasta los intelectuales que, como Ortega, no sentían de buenas a primeras el señoritismo chulesco del monarca como un insulto personal llegaron a percatarse de que don Alfonso era el símbolo de una España troglodítica en la que ellos no tenían nada que hacer. Cuenta Pla que Ortega llegó a este convencimiento a raíz de un encuentro con el rey durante una reunión en la buena sociedad. Parece ser que después de presentarle al rey, éste le preguntó qué enseñaba en la Facultad, y que al contestar Ortega: «Metafísica, señor», el rey encendió un pitillo al tiempo que decía con indiferencia: «Debe de ser muy complicado». Con lo cual no prosperó lo que hubiera podido ser un fructífero intercambio cultural entre el monarca y el filósofo [11].

Sin embargo, se podía seguir siendo monárquico y no acatar la Dictadura: un ejemplo de este tipo de actitud es Gregorio Marañón, uno de los intelectuales más famosos de los años 20, pero que durante la Berenguerada irá evolucionando hasta no sólo dejar de ser monárquico, sino llegar a ser uno de los promotores de la Agrupación al Servicio de la República.

---

[11] José Pla, *Madrid*, BCAI, Barcelona, 1932, pp. 61-62.

2. PARTICIPACION DE LOS INTELECTUALES EN EL ESTABLECIMIENTO DE LA REPUBLICA (1930-1931)

I. LA FLORACION CULTURAL DE LA «EDAD DE PLATA» Y LA POPULARIDAD DE LOS ESCRITORES

No queremos aquí más que recordar de pasada el singular desarrollo literario y artístico de los decenios anteriores al establecimiento de la República en España. Puede el lector hacerse una idea de la amplitud y de la complejidad de tal producción intelectual consultando tres obras fundamentales: la de Guillermo Díaz Plaja, *Estructura y sentido del Novecentismo español* [1]; la de Manuel Tuñón de Lara, *Medio siglo de cultura española, 1885-1936* [2], y la de José Carlos Mainer, *La Edad de Plata* [3].

Acaso una de las razones que explican esta lozanía cultural sea el hecho de que converjan en esos años los componentes de las tres «generaciones», 1898, 1914 y 1927, produciendo todas en el marco de un espíritu común de crítica e innovación, pero cada una con la configuración especial de su experiencia y de su mentalidad peculiar [4].

También hay que recalcar que los intelectuales, antes de llegar al liderazgo político de los años 30-31, tuvieron que pasar por la etapa del «vedettariado» de los años 20. Era verdaderamente sobrecogedor el desfase que existía entre la «popularidad» de los escritores —debida en parte al enjambre infinito de artículos que producían para la prensa y en parte al trato que se les daba en las revistas gráficas— y las escasas responsabilidades que les brindaba el régimen monárquico; así describe Gonzalo Torrente Ballester el aura

---

[1] Alianza Editorial, Madrid, 1975.
[2] Editorial Tecnos, Madrid, 1970.
[3] Libros de la Frontera, Barcelona, 1975.
[4] Véase en el libro de Mainer, ya citado, reflexiones interesantes sobre este problema, pp. 261 *ss.*

13

que rodeaba las figuras más conocidas de la intelectualidad del momento [5]:

… Yo no soy tan joven que no haya conocido y experimentado el respeto, la devoción populares por figuras escasamente entendidas como la de Unamuno. Que la devoción y el respeto no fueran unánimes está fuera de duda. La mayor parte de la sociedad operante quedaba del otro lado, donde estuvo siempre. En el lado de acá figuraban los pocos que entendían y los muchos que sin saber por qué admiraban. En todo caso, la sociedad exigía una atención constante a los escritores. Se pueden ver las revistas gráficas de la época —entre 1918 y 1936—. La familia real y sus fastos, los profesionales de la política, las actrices y bailarinas, los escritores y los toreros consumían la totalidad de las noticias gráficas. ¿Cuántas veces no se habrán publicado retratos de Benavente y Valle-Inclán? El pueblo, que naturalmente no los leía, podía identificarlos en la calle, y, al señalarlos, admiraba. El pueblo sabía oscuramente, como solía entonces saber las cosas, que aquellos hombres cuyas efigies frecuentaban los diarios y las revistas cumplían una rara misión que, a fin de cuentas y por caminos indirectos, al pueblo revertía. Acontecía sencillamente que él, el pueblo, no estaba preparado para entenderlos y conocerlos. De lo cual, como ahora, los escritores no tenían la culpa.

II. EL ATENEO DE MADRID, INSTRUMENTO POLITICO-INTELECTUAL

El desfase que señalábamos más arriba entre relaciones sociales, producción cultural y superestructura política era tan acentuado en 1930 que, una vez levantada la censura por Berenguer, prorrumpieron las críticas al antiguo régimen por todas partes (prensa, conferencias, manifestaciones, etc.). A partir de su reapertura, el 12 de febrero de 1930, y durante todo este mes, el Ateneo recupera a más de 350 socios antiguos y acoge a unos 500 nuevos [6]. Entre los primeros destacamos los nombres de Adolfo Salazar, el conde de Romanones, Melquíades Alvarez, José Antonio Balbontín, Alvaro de Albornoz, Eduardo Barriobero, Niceto Alcalá Zamora, Gabriel Maura Gamazo, Alejandro Lerroux, y entre los nuevos, Felipe Sánchez Román, Miguel Maura

---

[5] En «Nuevos Cuadernos de la Romana», *Destino*, 1976, p. 235.
[6] Antonio Ruiz Salvador, *Ateneo, Dictadura y República*, Fernando Torres Editor, Valencia, 1976, pp. 50 ss.

Gamazo, Marcelino Domingo. Se elige la primera junta de gobierno el 13 de marzo, siendo Gregorio Marañón presidente, Gustavo Pittaluga vicepresidente primero, Luis Jiménez de Asúa vicepresidente segundo [7], y en la junta extraordinaria de 28 de marzo, se nombra socio de honor a Unamuno [8].

En una primera etapa, el gobierno Berenguer parece querer portarse, con la intelectualidad en general, y con el Ateneo en particular, de manera civilizada, pero se degradaron pronto las relaciones.

Las primeras hostilidades se produjeron bajo la forma de una nota de Berenguer y un aviso a la junta del Ateneo, el 28 de abril de 1930, con ocasión del discurso que Prieto pronunció en el centro el 25 de abril y en el que atacó la gestión económica de la Dictadura, propugnando al tiempo la creación de un frente antimonárquico. Este incidente provocó la dimisión de la junta presidida por Marañón y las nuevas elecciones de 31 de mayo [9].

Después de esta conferencia de Prieto hubo una, muy esperada, de Unamuno, el 2 de mayo —anterior, pues, al acto republicano en el cine Europa de 4 de mayo—, en la que el ex rector no escatimaba sus ataques al rey y a la monarquía. Pocos días después, el 31 de mayo, le tocaba hablar a Alcalá Zamora, quien, aparte de declararse *republicano conservador,* dio consejos de moderación a la futura República [10].

Durante las dos primeras semanas de junio, el ritmo de las críticas al régimen sigue intenso: el 11 habla Marcelino Domingo sobre «Orientación y responsabilidad del republicanismo español». A partir del 5, la Sección de Ciencias Económicas debate sobre las responsabilidades financieras de la Dictadura, y el 13, en la de Ciencias Morales y Políticas, la discusión trata de la memoria de Eduardo Ortega y Gasset «Deberes de España ante la reconstrucción de la legalidad». De tal modo que, el 16 del mismo mes, tras una indicación del general Marzo, ministro de Gobernación, se suspenden los actos. Ese mismo 16 de junio, como desafío republicano al gobierno, se propone a los ateneís-

---

[7] *Op. cit.,* p. 52.
[8] *Op. cit.,* p. 53.
[9] *Op. cit.,* p. 60.
[10] *Op. cit.,* p. 63.

tas una junta compuesta por Azaña, como presidente; Royo Villanova, como vicepresidente primero; Amós Salvador, como vicepresidente segundo; Angel Galarza, como vocal primero, y Julio Alvarez del Vayo, como vocal segundo. Y firman esta propuesta una serie de nombres entre los cuales destacamos a los de los intelectuales más conocidos: Ramón del Valle Inclán, Ramón Pérez de Ayala, Gregorio Marañón, Luis Bello, Fernando de los Ríos, Luis de Hoyos, Julio Camba, Alvaro de Albornoz, Américo Castro, Pedro Salinas, Ramón María Tenreiro, Melchor Fernández Almagro, Martín Luis Guzmán, Luis de Zulueta, Antonio Espina, Valentín Andrés Alvarez, José Díaz Fernández, Joaquín Arderius, Luis Araquistáin, José Giral, Juan de la Encina, Eduardo Ortega y Gasset, Francisco Barnes, Luis García Bilbao, Benjamín Jarnés, etc. [11].

Esta junta «rebelde» es elegida el 18 de junio, y para responder a la prensa de derecha, Azaña da, en el *Heraldo* de Madrid, el 19 de junio, una definición muy exacta del Ateneo como centro intelectual (y político) anticonformista [12].

En el mes de julio sigue muy intensa la actividad del Ateneo. Recalcaremos la intervención del catedrático Luis Recaséns Siches, muy aplaudida, que condena la dictadura de Berenguer (sesión del día 8, *Heraldo* del día 9 [13]). A principios de julio es cuando se crea esa Comisión Investigadora de las Responsabilidades (que seguirá funcionando hasta noviembre), que reúne a 21 miembros, entre los cuales se encuentran Fernando de los Ríos, Prieto, Julián Besteiro, Angel Ossorio y Gallardo, Felipe Sánchez Román, Miguel Maura, Luis Vives, Niceto Alcalá Zamora, Wenceslao Roces, Adolfo Posada, teniendo como presidente, claro está, a Azaña, y como secretario, entre otros, a Antonio de Obregón [14].

En agosto, mientras los políticos republicanos pactan en San Sebastián, se plantea en el Ateneo el problema de la libertad de prensa con motivo del encarcelamiento de César Falcón (director de *Nosotros*), a quien, gracias a las protestas, el gobierno libera el día 28.

---

[11] *Op. cit.*, pp. 66-67.
[12] *Op. cit.*, p. 69.
[13] *Op. cit.*, p. 71.
[14] *Op. cit.*, p. 73.

Los sucesos del 14 de noviembre (en los que la policía mató a dos obreros durante el entierro de los obreros muertos en el derrumbamiento de la casa en construcción de la calle de Alonso Cano) [15] radicalizan el Ateneo: presentó Eduardo Ortega y Gasset una proposición a los socios del Ateneo tendente a protestar contra la actuación del «actual gobierno», «ilegal, fascista e hipócritamente tirano» ante el mundo entero y la conciencia universal. Aprobada por aclamación, esta proposición provocaba la dimisión de Royo Villanova, quien atacaba, a continuación, este acuerdo por *antipatriótico*, reavivando así el viejo debate de la *anti-España*.

De hecho, a lo largo de ese año de 1930, el Ateneo se había ido transformando en la sede de la oposición antimonárquica y en «el lugar más seguro para forjar la República» [16]. Allí efectivamente tenían sus reuniones, primero el Comité revolucionario y luego el gobierno provisional de la República *nonata*, según se puede comprobar en las declaraciones de Cipriano Rivas Xerif (*Retrato de un desconocido*) o de Miguel Maura (*Así cayó Alfonso XIII*) [17]. Los confidentes de la Dirección General de Seguridad andaban de cabeza anotando las idas y venidas de tanto ateneísta prorrepublicano, intelectuales y políticos íntimamente mezclados.

La relativa tolerancia del gobierno Berenguer, que hubiera dejado de pasar por aperturista si cerraba el Ateneo, como lo subraya Antonio Ruiz Salvador [18], se termina después de la sublevación de Jaca (12 de diciembre), con la proclamación del estado de guerra y su subsiguiente censura: cierran el Ateneo, pero teniendo cuidado de acusarlo previamente de ser el «polvorín» de la revolución [19]. Con su presidente huido (Azaña había pasado a la clandestinidad después del encarcelamiento del gobierno provisional), y otra vez en el aniversario de la República, se vuelve a abrir el Ateneo el 11 de febrero —de 1931 esta vez—, a pesar de no haberlo formalmente autorizado ni el general Mola,

---

[15] Véase a este respecto nuestro apartado titulado «Los intelectuales y el socialismo» (*infra*, p. 19).
[16] *Op. cit.*, p. 87
[17] Cit. por Ruiz Salvador, *op. cit.*, p. 88.
[18] *Op cit.*, pp. 89-90.
[19] *Op. cit.*, p. 91.

ni Leopoldo Matos, con lo cual acaba detenida la junta y tiene que prestar declaración en la Dirección General de Seguridad antes de ser puesta en libertad. El gobierno parecía decidido a no querer volver a abrir el Ateneo, pero, en vez de decirlo claramente, embrollaba el asunto asegurando que la magistratura estaba estudiando el caso. Le valieron de poco estos subterfugios, pues el 14 de este mismo mes de febrero caía Berenguer, renunciaba Sánchez Guerra a formar gobierno —dado que los detenidos de la Cárcel Modelo se negaron a colaborar— y, al cabo de cuatro días de crisis, aceptaba Aznar el encargo.

Tardó más de tres semanas el nuevo gobierno en volver a abrir el Ateneo.

Habiendo abierto el Ateneo el 11 de marzo, empezaban las conferencias, y el 28 de este mismo mes hablaba Unamuno sobre «Bolívar, el libertador», tema-pretexto para introducir eslóganes antimonárquicos y prorrepublicanos, y otro tanto hacía Alvaro de Albornoz, el 4 de abril, en otra conferencia sobre el mismo tema [20].

Al día siguiente de la reapertura, el *Heraldo* publicaba una lista de personalidades invitadas a dar conferencias en el Ateneo en las semanas siguientes: Alberti, José Bergamín, Blas Cabrera, Cossío, Flores de Lemus, Ramón Gómez de la Serna, Luis Jiménez de Asúa, María de Maeztu, Gregorio Marañón, Antonio Marichalar, Ramón Menéndez Pidal, Novoa Santos, Ortega, Blanca de los Ríos, Pedro Salinas, Claudio Sánchez Albornoz, Felipe Sánchez Román, Unamuno, Valle Inclán, Luis de Zulueta, entre otros [21]. Pero muy pocos iban a poder tomar la palabra: las elecciones municipales del 12 de abril adquirirían el cariz de un plebiscito contra la monarquía y la «voluntad nacional» iba, al parecer, a coincidir momentáneamente con los esfuerzos de medio millar de intelectuales politizados.

[20] *Op. cit.*, p. 105.
[21] *Op. cit.*, p. 103.

Ya desde los años anteriores a la primera guerra mundial, y sobre todo como consecuencia de los sucesos de la Semana Trágica de Barcelona (1909), los intelectuales se habían ido preocupando cada vez más por el movimiento obrero, cuya fuerza aparecía determinante para el desarrollo de la política nacional, y se sentían atraídos más especialmente por el movimiento socialista, que, por su estructura interna centralista y por su ideología, le da al intelectual más posibilidades de influencia y de poder[22]. Un pionero, a este respecto, fue el Unamuno de los años 1894-1897, quien ingresa en el PSOE y colabora en el periódico *La Lucha de Clases* de Bilbao, marcando así, para los intelectuales, una nueva etapa de acercamiento a la cuestión social, posterior a la de Costa, Mallada, Picavea, Isern, o sea al *regeneracionismo*. También hay que citar, dentro de esta corriente prosocialista de los intelectuales de fines de siglo y principios del XX, al famoso Jaime Vera[23], neurólogo y político incansable, y todo el grupo reunido en torno al periódico *El Socialista,* fundado en 1886.

Otro hito importante (y aquí esquematizamos al máximo) es, entre estos intelectuales afines al socialismo, la decisión de crear la Escuela Nueva en 1911, destinada a aportar conocimientos útiles (jurídicos, históricos, científicos, culturales, etc.) a todos los explotados, sean del proletariado o de las clases medias[24]. Allí desempeña un papel decisivo Manuel Núñez de Arenas, cuya biografía es muy representativa de los intelectuales socialistas de estos años anteriores a la dictadura de Primo de Rivera, tales como Araquistáin o Besteiro.

También en el marco de este acercamiento de los intelectuales a los problemas de la organización del proletariado conviene recordar la etapa importante representada por la publicación del semanario *España* (1915-1924), el primer año dirigido por Ortega, quien

---

[22] Consultar, sobre este tema, los capítulos 4, 5 y 9 del libro de M. Tuñón de Lara *Medio siglo de cultura española (1885-1936),* Tecnos, Madrid, 1970.

[23] Véase Tuñón, *ibidem.*

[24] Véase Tuñón, *op. cit.,* capítulo 9.

se retira pronto para dejar el sitio a Luis Araquistáin, su principal director, siendo sustituido éste al final ya por Manuel Azaña. Allí colaboraron una serie de intelectuales, más preocupados por la cuestión social y la lucha política que por la cultura, y que luego, en una etapa posterior, se definirían sea como comunistas (Núñez de Arenas), sea como anarquistas (Felipe Alaiz) o como socialistas revolucionarios (Luis Araquistáin). También desempeñaron en esta revista un papel de primer plano Marcelino Domingo y Alvaro de Albornoz.

Sea lo que fuere, ya desde la Escuela Nueva, entre los intelectuales, es «de buena nota» colaborar con el socialismo (acaso como modo de reforzar una rama de la organización proletaria que contrabalancee la influencia anarquista numéricamente preponderante entre el proletariado de aquellos años). La opinión contraria es expresada por Luis Araquistáin en su libro *El ocaso de un régimen,* reedición aumentada de su obra de 1916 *España en el crisol,* cuya edición fue recogida por orden del gobierno Berenguer el 5 de marzo de 1930 [25], quien llega hasta lamentar la «escasez de intelectuales» dentro del Partido Socialista y a atribuir esta ausencia al carácter excesivamente «kleinburgerlich» de los intelectuales españoles y a la atracción fuerte que ejercía en España el republicanismo sobre el socialismo. Sin embargo, y esto apoya lo que veníamos diciendo, Araquistáin matiza su parecer indicando que el paréntesis de la Dictadura ha obligado al socialismo a dedicarse más al sindicalismo, con lo cual «los papeles han cambiado radicalmente. Ya no es el socialismo el impregnado de republicanismo puro, sino el republicanismo el que quiere impregnarse de socialismo» [26].

El acercamiento, la convergencia entre las aspiraciones obreras y las intelectuales aparece netamente en noviembre del año 1930 con ocasión del entierro de los obreros muertos el 12 de noviembre al cual nos referíamos más arriba. Para disolver el imponente cortejo que seguía los féretros, la policía cargó y, a sabla-

---

[25] Véase el análisis comparado de los dos textos en Marta Bizcarrondo, *Araquistáin y la crisis socialista en la II República. Leviatán (1934-1936),* Siglo XXI, Madrid, 1975, pp. 95 ss.
[26] Véase en nuestro apéndice documental un extracto del texto de Luis Araquistáin, sacado de *El ocaso de un régimen,* 1930.

zos y a tiros, mató a dos obreros e hirió a cuarenta y nueve personas. Tal incidente, que demostraba a las claras el nerviosismo de la policía, síntoma a su vez de la tensión social, fue sentido por la población y por los intelectuales como la gota que colma el vaso. Al día siguiente, 15 de noviembre, aparecía en *El Sol* el famoso artículo de Ortega —reproducido por muchos periódicos de provincia y prolongado el 6 de diciembre por el artículo titulado «Un proyecto»— titulado «El error Berenguer», en primera página, al tiempo que se decretaba una huelga general de tres días, con eco en Barcelona y Sevilla, y se producía el cierre de ciertos periódicos, así como la dimisión del ministro de Gobernación, general Marzo, reemplazado por Leopoldo Matos. Terminaba Ortega su artículo diciendo:

Quiere [el Régimen] una vez más salir del paso, como si los veinte millones de españoles estuviésemos ahí para que él saliese del paso. Busca alguien que se encargue de la ficción, que realice la política del *aquí no ha pasado nada.* Encuentra sólo a un general amnistiado.
Este es el error Berenguer, del que la historia hablará. Y como es irremediablemente un error, somos nosotros, y no el Régimen mismo; nosotros, gente de la calle, de tres al cuarto y nada revolucionarios, quienes tenemos que decir a nuestros conciudadanos: Españoles, ¡vuestro Estado no existe! ¡Reconstruidlo!

Delenda est Monarchia

Estaba indudablemente redactado este artículo antes del incidente del entierro. Pero es evidente que el mensaje que transmitía, de indignación contenida y desprecio irremediable del régimen monárquico, dicho así y en esas circunstancias, debió de tener un alcance insospechado entre los lectores de la prensa del 15 de noviembre, quienes se enteraban a la vez del desmandamiento policiaco y de la condena radical del régimen por un intelectual conocido.

La Dictadura había sido un momento en que, para la mayor parte de los intelectuales, la cultura había predominado sobre la política, debido en parte a la censura, en parte al desánimo provocado por la desintegración política de las izquierdas en los años 1919-1923 y en parte a la propia praxis del movimiento obrero durante los años 1923-1930: paso a la clandestinidad

21

de la CNT, colaboración con la Dictadura de la UGT (tendencia Largo Caballero). Y sólo cuando resurgen *en la realidad social* las luchas de las organizaciones obreras es cuando los intelectuales sienten de nuevo la atracción de esas «masas». Además, el explicar la praxis de un grupo social como el de los intelectuales únicamente por una motivación de oportunismo elemental («estar solos» y «acercarse a las masas») representa sólo una etapa en el razonamiento; a nuestro entender, un factor decisivo en este acercamiento *intelectuales-sindicalismo socialista* de los años 1930-31 fue el cambio de política dentro del propio PSOE y de la UGT, y la coincidencia *real* de los intereses de clase de una mayoría de los asalariados (proletarios y clases medias) deseosos de lograr, entre todos, la liquidación del sistema político simbolizado por la monarquía. En aquel momento, claro que los intelectuales necesitaban de esas masas (para lograr desplazar la burocracia y el personal dirigente monárquico), pero también es verdad que esas masas (ponemos aparte las genuinamente anarquistas) necesitaban a esos intelectuales como *portavoces,* en la prensa, el libro y la conferencia, de las nuevas aspiraciones (libertad, independencia, dignidad del trabajador manual e intelectual hostigados por el patronato, la policía, la Iglesia, el ejército, la censura, la aristocracia, el caciquismo, etc.).

De esta mentalidad favorable al *socialismo* entre los intelectuales durante los meses inmediatamente anteriores al cambio de régimen citaremos otro ejemplo: el humorista Wenceslao Fernández Flórez,. a quien difícilmente se puede tachar de oportunismo izquierdista, y quien, en una «Acotación» del 17 de febrero de 1931 [27], se declara inequívocamente más partidario del *socialismo* que del *republicanismo:*

Cuando un hombre me dice: *Soy republicano,* no me facilita detalles suficientemente concretos para penetrar en su ideología. Si tengo interés en perfilarla, he de hacer muchas preguntas más. Cuando un hombre me dice: *Soy socialista,* adquiero al punto una noción de su manera de pensar. No creo que hoy pueda haber otro punto de arranque para los hombres de progreso que el socialismo, y es una realidad que los estados más prósperos de Europa son precisamente aquellos en cuyo régimen intervienen gobernantes de esa tendencia.

---

[27] «Para los exegetas», OC, IX, p. 217.

IV. LA TOMA DE CONCIENCIA POLITICA Y LA AGRUPA-
     CION AL SERVICIO DE LA REPUBLICA

Una de las formas —la más inmediata— que asume, en
el grupo de los intelectuales, la toma de conciencia política es la repulsa al caciquismo político de la Restauración, tanto conservador como liberal. Desde Galdós
y Clarín, los krausistas, los regeneracionistas, los
del «98», y Costa hasta la Liga de Educación Política
y la revista *España,* todos los intelectuales, a partir de
la revolución de 1868, han intuido que su propia marginación como grupo (aunque como individuos llegasen
a veces a incluirse en el sistema político de la Restauración) no era debida sólo a su relativamente débil
peso numérico, sino a una estructura social global
basada en la dominación de los grandes terratenientes,
respaldados por la Iglesia y el ejército. Así pues, dedican buena parte de sus esfuerzos críticos a anatemati-
zar, criticar o estudiar —según los temperamentos y
posibilidades de cada uno— al odiado *caciquismo* y a
sus representantes políticos, los «viejos políticos».

En el año que nos ocupa se refuerza aún más la
exasperación contra esa vieja guardia del «turno» canovista, los «superpapus», como los llama Fernández
Flórez. En efecto, en 1930 se les puede legítimamente
achacar no sólo la desintegración del parlamentarismo,
acelerada de 1917 a 1923, y la Dictadura —que su
incapacidad hizo prácticamente inevitable—, sino también el deseo mórbido de volver a ocupar la escena
política, recreando la misma situación de *antes* y ce-
rrando el camino, *por segunda vez,* a la entrada en liza
de los intelectuales-políticos cincuentones, de quienes
Azaña es el prototipo.

Fernández Flórez dice en octubre de 1930 [28]:

Los viejos políticos y sus huestes de hambre siempre despierta
han pasado sin comer un año, dos años…, casi siete años. Y se
han puesto en pie, han bostezado; ahí están: se preparan para
las viejas elecciones, amañan el viejo Parlamento, ansían el viejo régimen gubernamental…

A Cambó, quien opinaba que los hombres de los
antiguos partidos no eran ni inmorales ni incompeten-

---

[28] «Los superpapus», en *Acotaciones de un oyente,* 1 de octubre de 1930, OC, IX, p. 190.

tes, sino que la culpa era de los *partidos,* que les frenaban, responde Fernández Flórez en una «Acotación» de 13 de diciembre de 1930, de la cual citamos un extracto, pues nos parece resumir admirablemente la exasperación indignada de un amplio sector de la intelectualidad y de la opinión pública:

De ellos es también la culpa de esta escasez de hombres aptos para la política a la que se refiere en su nota el señor Cambó. Porque ellos han desdeñado a la inteligencia y han apretado sus filas, para impedirle el paso, cuando lo intentó. Para intervenir en la política, para lograr un acta de diputado —que el pueblo otorgó poquísimas veces— era preciso ser un allegado, un adulador o un incondicional de aquellos hombres de cerebro estoposo que estaban en lo sumo de las categorías políticas, segregando lugares comunes adormecedores. A lo sumo amparaban a algunos jóvenes de habla copiosa y fácil, jóvenes tan viejos como ellos, a los que pronto hacían una reputación nuestros informadores políticos, enamorados, por contagio, de la elocuencia de tamboril.
Todo lo que en España valía verdaderamente se apartó asqueado de la política y se dedicó a otras actividades. Entre los hombres que comienzan a asomarse a la madurez tenemos grandes médicos, grandes ingenieros, grandes escritores... Ni un solo gran político. No es que no hubiese podido existir. Es que *aquéllos* lo impidieron [29].

Mientras tanto, el gobierno Berenguer se sentía fortalecido por el fracaso de la sublevación republicana de Jaca; dice Eduardo de Guzmán [30] que en ese momento, el gobierno «considera que los intelectuales no ejercen influencia real y efectiva en las grandes masas nacionales, aunque puedan hallar fácil eco en determinadas minorías». Pero, aunque se hubiese aplastado la rebelión, los problemas seguían sin resolver: en estas circunstancias, el 4 de febrero de 1931 se levanta el estado de guerra, pero, sintomáticamente, se decretan al mismo tiempo treinta días de vacaciones extraordinarias en todas las universidades españolas, esperando así el gobierno quitarse de encima los problemas de orden público a que daban lugar las manifestaciones de los estudiantes en las grandes ciudades. Y es en este momento de desánimo de la oposición republicana cuando una serie de intelectuales lan-

---

[29] *Op cit,* pp. 205-207.
[30] *1930, historia política de un año decisivo,* Madrid, 1973.

zan en la prensa (*La Tierra,* el lunes 9 de febrero de 1931) el manifiesto de un nuevo movimiento político republicano: la Agrupación al Servicio de la República, firmado por José Ortega y Gasset, Gregorio Marañón y Ramón Pérez de Ayala.

El manifiesto consta de una crítica al régimen monárquico, culpable de la desintegración del Estado español y de un llamamiento a los intelectuales, jóvenes, técnicos, para formar un grupo de presión, de propaganda de la idea republicana. Subrayamos el trozo en que se alude a las capas sociales capaces de sentirse aludidas por este manifiesto, con su nota humorística al referirse a los religiosos:

Llamaremos a todo el profesorado y magisterio, a los escritores y artistas, a los médicos, a los ingenieros, arquitectos y técnicos de todas clases, a los abogados, notarios y demás hombres de ley. Muy especialmente necesitamos la colaboración de la juventud. Tratándose de decidir el futuro de España, es imprescindible la presencia activa y sincera de una generación en cuya sangre fermenta la sustancia del porvenir. De corazón ampliaríamos a los sacerdotes y religiosos este llamamiento, que a fuer de nacional preferiría no excluir a nadie; pero nos cohíbe la presunción de que nuestras personas carecen de influjo suficiente sobre esas respetables fuerzas sociales [31].

Dice Eduardo de Guzmán que dicho manifiesto tuvo «una influencia capital en el curso de la política nacional» [32], y no tiene nada de particular, ya que, como lo describe perfectamente el mismo autor, interviene en un momento en que parecen haber fracasado los estados mayores de los partidos republicanos y los políticos antimonárquicos profesionales.

Aparece este mismo manifiesto el miércoles 11 de febrero en *El Sol,* y el día 15 el mismo periódico anunciaba que Antonio Machado era presidente de la Agrupación al Servicio de la República. Entre los afiliados estaban Juan del Moral (autor del estudio sobre las agitaciones campesinas andaluzas y notario en Bujalance), José Santa Cruz, José Iranzo, Alfonso García Valdecasas, Azcárate, etc. [33].

Reconoce Miguel Maura que «desde el primer mo-

---

[31] Texto incluido en el apéndice documental.
[32] *Op. cit.,* p. 537.
[33] Guillermo Morón, *Historia política de José Ortega y Gasset,* Editorial Oasis, México, 1960, p. 137.

mento, esta Agrupación tuvo una acogida entusiasta entre aquellos a quienes llamaba. La juventud intelectual de España encontró en esta organización, en sus comienzos, el cobijo que no había hallado en los partidos políticos» [34].

Esta Agrupación iba a desempeñar un papel durante las Constituyentes sobre todo. Como lo recalca Gonzalo Redondo en su libro ya citado: «... a primeros de abril de 1931, Ortega tenía tras sí una asociación largamente nutrida por el fervor que su palabra mágica sabía despertar» [35]. Redondo indica que en el lanzamiento de la Agrupación influyó mucho la compra de *El Sol* por elementos monárquicos, compra que estaba ya en trámite a principios de 1931 y que sólo se anunció en el diario el 24 de marzo de 1931 en un artículo de Félix Lorenzo, hasta entonces director de la publicación [36]. El día 4 de abril de 1931, Nicolás María de Urgoiti y Ortega, ayudados por una serie de ex colaboradores de *El Sol,* lanzaban el primer número de la revista *Crisol,* que iba a ser, hasta su último número (el número 202), el 6 de enero de 1932, la publicación (pero no la única) donde se expresaría la tendencia intelectual representada por la Agrupación al Servicio de la República.

V. EL PREFASCISMO ESPAÑOL: ERNESTO GIMENEZ CABALLERO, RAMIRO LEDESMA RAMOS

Después de describir las corrientes ideológicas diversas e importantes favorables al establecimiento de una República en la España de los años 1929-1930 que se interroga sobre su porvenir político, conviene pasar revista a los movimientos y opiniones de orientación diferente: se trata, por una parte, de los que se declaran partidarios del conservadurismo tradicional, más o menos matizado de catolicismo, y sobre todo de los que, más originales o mejor caracterizados, han sido influenciados por un fascismo entonces pujante en la cercana Italia. Efectivamente, hace falta recalcar que las formas

---

[34] Miguel Maura, *Así cayó Alfonso XIII,* Editorial Ariel, colección «Horas de España», 2.ª ed., Barcelona, 1966, p. 117.
[35] *Op. cit.,* p. 251.
[36] *Op. cit.,* II, pp. 239 *ss.*

españolas de fascismo, que iban a desarrollarse en los años 1934-1936, *no nacieron* como una reacción contra la política de la República durante el curso del primer bienio. Ya desde 1928-1930 el fascismo en España está en el ambiente. Lo que podría llamarse el complejo fascistizante toma cuerpo en ese período. A pesar de seguir siendo minoritario, este complejo irá afirmando cada vez más su presencia en el paisaje ideológico de la preguerra civil al lado de las corrientes mayoritarias, sean liberales o socialistas, con una continuidad que merece subrayarse. Ahora bien, resulta que los dos hombres que participaron en el origen del fascismo español, mucho antes que José Antonio Primo de Rivera (Ernesto Giménez Caballero y Ramiro Ledesma Ramos), son, en toda la amplitud del término, *intelectuales verdaderos,* lo cual no es el caso ni de Mussolini ni de Hitler.

Oriundo de una familia madrileña, hijo de un impresor que, partiendo de un modesto negocio, se enriquece bastante rápidamente, Ernesto Giménez Caballero, nacido en 1899, estudia tipografía, al tiempo que Derecho y Letras en la Universidad. Llega a ser, a partir de 1925, uno de los pioneros de la vanguardia literaria al tanto de todas las novedades del momento, al tiempo que va publicando varios libros brillantes y paradójicos. Funda en 1927 la *Gaceta Literaria,* que se transforma rápidamente en la publicación más característica de la Generación de 1927, y en la cual colaboran, al mismo tiempo que las figuras más importantes de esta Generación, un Azorín, un Baroja o un Juan Ramón Jiménez. Es precisamente en la *Gaceta,* eco de todas las tendencias del momento, donde se expresan las primeras teorías fascistizantes españolas.

En cuanto a Ramiro Ledesma Ramos, nacido en 1905 en un pueblo de la provincia de Zamora, hijo de un humilde maestro nacional, si bien está muy lejos su forma de espíritu, rigurosa y rígida, de las fantasías centelleantes del que llamaban en el mundo literario GECE, indudablemente resulta ser un doctrinario y un intelectual. No sin razón escribe Velarde Fuertes, al referirse a él:

Escribir a los veinticuatro años recién cumplidos en la *Revista de Occidente,* y pasar a hacerlo de un modo sistemático, tener

27

3

abiertas las puertas de la *Gaceta Literaria* desde los veintitrés años, pertenecer al círculo directo de discípulos de Ortega y Gasset, lo que a su vez le permitía escribir en *El Sol*, era una garantía de un porvenir intelectual solidísimo, con un acompañamiento social de extraordinario halago [37].

Por muy diferentes que sean los dos hombres, al tratarse de fascismo ponen naturalmente de relieve el ejemplo italiano, por cierto con algunas reservas que señalaremos más adelante. Pero lo que merece la pena notar desde ahora es que en Italia la acción parece haber precedido a la elaboración doctrinal, mientras que en España se invierte el proceso: la idea vino antes que el hecho. Las primeras veleidades fascistas en España tienen una apariencia estetizante muy particular, uniendo, según la justa expresión de José Carlos Mainer, «el vanguardismo literario y la ideología» [38], con una pizca de cursilería intelectual.

Ya el 15 de febrero de 1927, la *Gaceta Literaria* publica una entrevista con Ramiro de Maeztu, titulada significativamente: «Conversación con una camisa negra», en la que se insiste sobre la crisis del liberalismo y la necesidad ineluctable de escoger entre «camisas negras» y «rojas» [39]. Pero es a principios de 1929, en la «Carta a un compañero de la joven España» —texto destinado a servir de prefacio a una obra de Curzio Malaparte, *En torno al casticismo de Italia,* traducida por el propio GECE—, cuando éste publica en la *Gaceta Literaria* el acta de nacimiento del fascismo español. En este texto, Giménez Caballero subraya con mucha claridad que la dictadura de Primo de Rivera no tiene nada que ver con el fascismo, pues en la España de 1929, dice, «la situación es más defensiva que ofensiva, de policía severa más que de irrespetuosos condottieros, de aventureros terribles, de infanzones arriscados, de generales más que de capitanes, si acaso de un solo capitán general» [40]. Y después de esta puntualización asaz retórica, GECE condena «una era histórica

[37] *El nacional-sindicalismo 40 años después,* Editora Nacional, Madrid, 1972, pp. 69-70.

[38] *Falange y literatura,* Editorial Labor, Barcelona, 1971, p. 24.

[39] Cit. por Carmen Bassolas, *La ideología de los escritores,* Editorial Fontamara, Barcelona, 1975, p. 57.

[40] Cit. por Manuel Pastor, *Los orígenes del fascismo en España,* Editorial Túcar, Madrid, 1975, p. 34.

liberalizante, corroída, irresoluta, bellaca» [41], y convoca a «todos los jóvenes espíritus de nuestro país para preparar el resurgimiento hispánico aprovechando todas las fuerzas auténticas del pasado y del porvenir» [42].

Se trata, en definitiva, de una llamada a los españoles para que inventen un verdadero fascismo *sui generis,* cuyos emblemas bien podrían ser el yugo y las flechas, ya que alude GECE expresamente a estos símbolos de «nuestros católicos y españoles reyes» [43]. Pero de ninguna manera se trata de copiar servilmente el modelo italiano: cada pueblo tiene que encontrar *su* propia forma de fascismo, aunque sólo fuera por respetar lo específico de cada realidad nacional, dado que GECE no concibe que el fascismo pueda alejarse de eso que califica muy bien Manuel Pastor de «nacionalismo casticista» [44].

Este texto «engagé» (comprometido y militante) levantó, entre los suscriptores de la *Gaceta Literaria,* vigorosas protestas, a las cuales respondió GECE reafirmando el carácter exclusivamente literario de la publicación; lo cual no impidió, ni mucho menos, la politización cada vez más intensa de la revista durante los meses siguientes.

Así es como vemos a GECE, en diciembre de 1929, lamentar la incomprensión general por el sindicalismo, es decir, «la conquista del Estado por la violencia disciplinada, la conquista del Estado por el hombre masa» [45]; mientras que en febrero de 1930, en una crónica sin firma de la *Gaceta Literaria,* se encuentran frases características sobre España: «ancha de masas nuevas y de nuevas jerarquías de valores fuertes y juveniles» [46].

El mes anterior se había producido un episodio importante y significativo; ya intervinieron a la vez en él Giménez Caballero y Ledesma Ramos. Es la famosa cena en la cripta del café Pombo. Se obsequiaba al director de la *Gaceta Literaria* con este banquete, du-

[41] Cit. por Carmen Bassolas, *op. cit.,* p. 156.
[42] *Ibidem.*
[43] Manuel Pastor, *op. cit.,* p. 36, nota 60
[44] *Op. cit.,* p. 32.
[45] Cit. por Miguel Angel Hernando, *La Gaceta Literaria (1927-1932). Biografía y valoración,* Universidad de Valladolid, Departamento de Lengua y Literatura Españolas, 1974, p. 24.
[46] *Op. cit.,* p. 21.

rante el cual Ledesma Ramos lanzó por primera vez su grito: «¡Viva España! ¡Viva Italia! ¡Arriba los valores hispánicos!», lo cual provocó una hermosa confusión entre los asistentes [47]. Esta manifestación violenta de Ledesma Ramos se producía después de varios artículos publicados en la *Gaceta Literaria* durante los dos años anteriores, que condenaban con fuerza el optimismo liberal, al tiempo que preconizaban el esfuerzo y exaltaban la misión primordial del Estado.

Después de este escándalo, Ledesma Ramos vuelve a escribir en la *Gaceta Literaria* (1 de junio de 1930), criticando otra vez el carácter retrógrado de cuanto se reclama del liberalismo y de la democracia en un momento en que lo que sube es el nacionalismo y la voluntad de poder. Unos meses más tarde, como lo veremos, dando un paso más en esa dirección, Ledesma Ramos se afirma como el primer jefe político del fascismo español, al lanzar, dos meses antes de la proclamación de la República, en febrero de 1931, un manifiesto cuyo título por sí mismo equivale a un pro-

---

[47] Se encuentra en el libro de Manuel Pastor un relato completo de esta cena, debido a un testigo ocular del acontecimiento, a propósito del cual *G. C.* opina que, por primera vez, se manifestaron las filosofías antagónicas de la guerra civil española: «La cena en cuestión era en honor de Giménez Caballero, tras su *circuito* y descubrimiento del fascismo italiano. Se sentaba junto a él, en la presidencia, el dramaturgo fascista italiano Bagaglia.» «A la hora espantosa de los brindis —relata Guillén Salaya—, antonio Espina, intelectual español que se había hundido en la ciénaga masónico-comunista, se levantó de su asiento y, antes de hablar, puso una pistola de madera encima de su mesa. Hizo esto para decirnos unas cuantas incongruencias a propósito del suicidio de Larra... Pero la inconsciencia de Espina hizo más: se lamentó de que un representante de la Italia fascista estuviese presente en un ágape de jóvenes españoles. Estas palabras provocaron de parte de algunos protestas violentas. Un joven se había puesto en pie y gritaba enardecido dando vivas a Italia y a España. Hecho el silencio, aquel joven sacó una pistola auténtica, signo de la violencia, y dijo que los nuevos jóvenes, que amaban la gloriosa tradición imperial y cristiana de nuestros abuelos, salvarían a España con las justas razones de aquellas pistolas verdaderas. Y, en medio del sobresalto de los comensales, que los más permanecían atónito y perplejos, gritó, saludando a la romana: ¡Arriba los valores hispanos! Digamos que quien así había hablado era un joven alto, cenceño, de faz muy angulosa, nariz aquilina y peinado a lo Hitler. Lo curioso del caso es que este muchacho se dedicaba a las disciplinas filosófico-matemáticas.» (*Op. cit.*, páginas 74-75, nota 165.)

grama: *La Conquista del Estado.* Este texto antecede
en algunas semanas la publicación de un semanario
que llevará el mismo título y cuya dirección asumirá
Ledesma.

VI. LOS «PROPAGANDISTAS» DE «EL DEBATE» Y SU CONFORMISMO INTELECTUAL [48]

Como contraste con esta fermentación intensa entre
aquellos que se sienten atraídos por el fenómeno fascista, *el sector tradicional y católico* del mundo intelectual manifiesta, en esos años de 1929-1930, una relativa
pasividad. Si ponemos aparte a Ramiro de Maeztu, uno
de los pocos intelectuales que se solidarizaron deliberadamente con la dictadura de Primo de Rivera, y que
no abandona esta línea, domina una actitud general
de expectativa. Por ejemplo, los «católicos sociales»
de la famosa ACNP, los discípulos de Herrera, los que
se expresan en *El Debate,* consideran. con mucha reserva la ola antimonárquica y renovadora que recorre
España a partir de 1930. En enero de 1931, *El Debate*
ataca con violencia al Ateneo, que acababa de lanzar
una llamada a la democracia mundial para condenar
el sistema impuesto en España. Para los redactores del
periódico, el Ateneo no es más que «el receptáculo de
la bilis y del jacobinismo y la oficina de calumnias
contra España» [49].

Muy simbólica aparece esta oposición entre lo que se
empieza a llamar la *Santa casa* (es decir *El Debate* y la
Editorial Católica) y el Ateneo, que se suele calificar de
Docta casa. Pero la *Santa casa,* encerrada en sus posiciones negativas, no proporciona argumentos válidos
a los jóvenes católicos que desean escapar a las normas
del «joven de derechas». El testimonio de Pedro Laín
Entralgo pone de relieve esta situación. Con ocasión de

---

[48] Para todo lo que se refiere a los católicos sociales, los propagandistas y la CEDA, los autores lamentan no haber podido
consultar el monumental y reciente estudio de José R. Montero,
La CEDA, el catolicismo social y político en la II República, Madrid, Ediciones de la *Revista de Trabajo,* 1977, dos volúmenes,
801 y 738 pp., en el cual se dedica un capítulo muy detallado
a «los intentos intelectuales de la derecha católica», y cuya lectura consideramos indispensable para el lector interesado.

[49] Cit. por R. de Maeztu, *Los intelectuales y un epílogo para
estudiantes,* Rialp, Madrid, 1966, p. 341.

un mitin al cual asistió hacia 1930 en el teatro Alcázar, con Angel Herrera y Maeztu como oradores, el joven Laín lamenta la escasa originalidad de las variaciones sobre el tema «patria, familia, religión y monarquía». Reprocha a Herrera el no proponer un catolicismo «social e intelectualmente actualizado» y califica a Maeztu de «grandilocuente» y «vacío» [50].

[50] P. Laín Entralgo, *Descargo de conciencia*, Barral Editores, Barcelona, 1976, pp. 92-93.

3. LOS INTELECTUALES Y EL PODER POLITICO DURANTE EL BIENIO AZAÑISTA (1931-1933)

I. EL «TONO» DE LOS INTELECTUALES EN LAS CORTES: LA REPUBLICA DE LOS PROFESORES

Según un conocido tópico, la República fue «de los intelectuales» o «de los profesores», y efectivamente tanto los estudiosos que se han preocupado de analizar las profesiones de los diputados y ministros de este período como los comentaristas políticos y periodistas contemporáneos acaban reconociendo esta realidad: la proporción de catedráticos, abogados y periodistas fue muy alta en las Cortes (especialmente las de 1931) y en los ministerios.

Unamuno, en la sesión de Cortes del 22 de octubre de 1931, al presentar su enmienda a propósito de la obligatoriedad de la enseñanza del castellano en las regiones autónomas, llegó a decir: «... En esta Cámara, señores, hay demasiados catedráticos; probablemente somos demasiados entre maestros y catedráticos... Dondequiera que el ejército ha abusado, se ha formado un partido antimilitarista; donde el clero ha abusado, se ha formado un partido anticlerical. Nuestros hijos, nuestros nietos, conocerán en España un partido anti-pedagogista...»[1]. Los murmullos que levantaron estas afirmaciones indicaban que la Cámara estaba sensibilizada al problema. *ABC* elaboró una lista de 64 catedráticos, profesores y maestros diputados en las Cortes Constituyentes (luego reproducida en *El Sol* el 21 de julio), y según Enrique López Sevilla, 25 de ellos pertenecían a la minoría socialista[2].

El análisis de ministros diputados de las Cortes he-

[1] Cit. por Mariano Pérez Galán, *La enseñanza en la Segunda República española*, Cuadernos para el Diálogo, Colección ITS, Madrid, 1975, p. 94.
[2] *El Partido Socialista Obrero Español en las Cortes Constituyentes de la Segunda República*, México, Ediciones Pablo Iglesias, pp. 40-41, cit. por Pérez Galán, *op. cit.*, p. 94, nota 41.

cho por Manuel Ramírez Jiménez [3] le lleva a confirmar el «tópico frecuente de que la Segunda República estuvo en manos de abogados y de intelectuales». Los ministros diputados *abogados* o *catedráticos* son los más numerosos de las Cortes en número absoluto y en relativo [4].

Según Adolfo Menéndez Lafuente [5], un censo aproximativo entre los diputados de las Cortes Constituyentes daba 45 catedráticos y 47 periodistas o escritores varios, de los cuales unos 25 eran de gran notoriedad. Intelectuales de primer plano eran Azaña, Besteiro, De los Ríos, Jiménez de Asúa, Madariaga, Unamuno, Cossío, Ortega y Gasset, Pérez de Ayala, Marañón, Sánchez Albornoz. Y les seguían de cerca Gabriel Alomar, Ventura Gassol, Raimundo de Abadal, Felipe Sánchez Román, Roberto Novoa Santos, Pittaluga, Luis Nicolau D'Olwer, Juan Díaz del Moral, Juan Estelrich, Alfonso García Valdecasas, Luis Recaséns Siches, Luis de Tapia, Luis Bello, Ramón Otero Pedrayo, Alfonso Rodríguez Castelao, Pedro Sáinz Rodríguez, Luis Araquistáin, José Giral, Juan Negrín, José Sanchís Banús, etc.

En cambio, en las Cortes de 1933 su número se reduce considerablemente y alcanzan aproximativamente una docena, entre los cuales aparecen algunos intelectuales nuevos como José María Pemán, Ramiro de Maeztu, el historiador Jesús Pabón, etc. Igual pasa con las Cortes de 1936, en las que se sienta por primera vez Julián Zugazagoitia (periodista socialista de primera fila).

Los grandes intelectuales permanentes en las tres Cortes de la República son, esencialmente, Claudio Sánchez Albornoz, Fernando de los Ríos, Luis Araquistáin, Julián Besteiro, Pedro Sáinz Rodríguez, o sea tres socialistas, un republicano y un monárquico, descontando, claro está, a Azaña. De hecho, parece evidente que en las Cortes de 1931 se produjo una inflación de catedráticos (los abogados ya sabemos que era la categoría profesional dominante entre los políticos de la Restau-

---

[3] *Los grupos de presión en la Segunda República española*, Tecnos, Madrid, 1969, pp. 53 *ss.*

[4] M. Ramírez Jiménez, *op. cit.*, p. 61.

[5] «El sufragio en la II República», en *Historia 16*, Extra, 1977, p. 81.

ración). Pero no hay que olvidar que los intelectuales vinieron en 1931 a rellenar un vacío momentáneo: vinieron a suplir la ausencia de «cuadros» políticos de los partidos (republicanos y socialistas, sobre todo), y, durante un año o más, según los casos, se comportan más como «managers» políticos y organizativos que como profesores, ya que prácticamente apenas tenían tiempo para cumplir con sus obligaciones profesionales. Esta invasión de catedráticos en 1931 se atenuó considerablemente en las Cortes de 1933 y 1936, en la medida en que los diferentes partidos de izquierda fueron organizándose, y en cambio aparecieron algunos intelectuales como diputados de derechas en las Cortes del bienio negro y del Frente Popular, precisamente porque los partidos de derechas pasaban también por esta fase organizativa primitiva, con un retraso de unos dos años sobre los partidos de izquierdas.

Existe una polémica sobre el problema de saber si existió una verdadera dictadura de los intelectuales durante las Cortes Constituyentes y, de hecho, durante el bienio azañista, y se llega hasta acusar a los *intelectuales,* como grupo, de haber querido monopolizar el poder, distribuyéndose puestos y prebendas, con el afán de desquitarse así de la larga marginación que tuvieron que sufrir desde principios de siglo. Este punto de vista nos parece que concede una excesiva homogeneidad al grupo de los intelectuales de la República. Momentáneamente, sobre todo durante el año 30, año utópico, durante el cual los intelectuales se encontraban *fuera* del poder, criticándolo y en estrecha relación espiritual con un público que les aceptaba como portavoces, sí que pudieron adquirir cierta coherencia de grupo. Pero en cuanto aparecieron en los mandos, cada uno con una parcela de poder, se fueron adscribiendo automáticamente a un ámbito de poder político no intelectual, partido o grupo de presión social y económico, que eran las verdaderas bases del poder republicano (Esquerra, socialistas, partidos republicanos, agrarios, fascistas, etcétera). Incluso este famoso *anticlericalismo* que muchos creen que puede representar acaso el vínculo ideológico que uniría a toda la intelectualidad de izquierdas contra el poder espiritual y social de la Iglesia (ideología tradicional vehiculada por la enseñanza religiosa) no consigue la unanimidad entre los intelectuales de la República; como lo recalca muy bien Gonzalo Redondo [6], al aludir al manifiesto de la Agrupación al Servicio de la República de 14 de mayo de 1931 condenando «las asquerosas escenas incendiarias» y «esos estúpidos usos crematorios» (la quema de conventos) y urgiendo al gobierno a que siga firme hasta la instauración de la nueva Constitución.

Si no representaron en las Cortes los diferentes intelectuales un grupo de presión homogéneo (poniendo aparte los 16 diputados de la Agrupación al Servicio de la República, y esto también con reparos), en cambio sí que trajeron un cierto *tono* en el discurso parlamentario, un tono sosegado, informado y eficaz, más próximo a la ponencia del tecnócrata que a la peroración profesoral, pero con un lenguaje pulcro, y, a veces, sus toques de lirismo. Lo mismo que citaremos más tarde a Julián Zugazagoitia como modelo tipo del intelectual de izquierdas de los años 1933-1934 [7], como ejemplo y dechado del intelectual de las Cortes Constituyentes escogeremos a Roberto Novoa Santos y a Fernando de los Ríos.

Así va describiendo Fernández Flórez el aspecto de la Cámara mientras habla el gran médico y pensador Novoa Santos:

Acodados en sus pupitres, en la actitud de la atención, ministros y diputados iban siguiendo el discurso de Roberto Novoa, en el que no hubo altisonancias ni imágenes, increpaciones ni tropos [...] Si se les impusiera hablar en el mismo tono de Novoa Santos, no tendrían nada que decir. Y es que el cerebro posee una voz y los riñones otra. Pero en la labor que ahora está encomendada a la Cámara son los cerebros los únicos que debieran hablar [8].

En cuanto a Fernando de los Ríos, aparece como el prototipo de esta «magistocracia», según la expresión de Antonio Ramos Oliveira, que quedó como símbolo de las Cortes Constituyentes.

Si Fernando de los Ríos y Roberto Novoa Santos representan en la Cámara el estilo desapasionado y cargado de razón de los intelectuales-políticos-catedráticos (dejamos de lado el caso de Manuel Azaña, a quien

[6] *Op. cit.*, p. 287.
[7] Véase el capítulo 4 de este estudio.
[8] Wenceslao Fernández Flórez, *Acotaciones de un oyente*, 3 de septiembre de 1931, oc, v, pp. 839-840.

todo el mundo reconocía como el orador más prestigioso que unía rigor intelectual y sentido político), también nos parecen dignos de recordar otros dos diputados intelectuales característicos de otras mentalidades: el lírico Castelao y el batallador «superjabalí» José Antonio Balbontín. Alfonso Rodríguez Castelao, dibujante famoso y literato en potencia, «santo laico», defendió la lengua gallega en el parlamento [9]. En cuanto a José Antonio Balbontín, representaba en la Cámara —como lo dice él mismo en sus memorias— el jacobinismo más acendrado y un nuevo estilo parlamentario, más próximo a los «riñones» antes aludidos que al «cerebro». Sin embargo, a pesar de llevar pistola para ir a las Cortes (como todos los diputados militantes, dice él) y de utilizar recursos oratorios más bien fáciles (como era llamar feos o gordos a los miembros del gobierno), representó allí el tono «superjabalí», el que le permitió responder a los ataques de los *jabalíes* de la minoría radical-socialista [10].

Quitando estas dos excepciones de Balbontín y Castelao —Balbontín porque anuncia más el carácter «militante» de los intelectuales políticos del segundo bienio y del Frente Popular, y Castelao por su carácter excepcional de «Gandhi gallego»—, el *tono* de los intelectuales en las Cortes Constituyentes fue mayoritariamente el de Novoa y de Fernando de los Ríos: un tono que recordaba más a Giner que a Pablo Iglesias, más a la Institución Libre de Enseñanza que al socialismo obrero, aun cuando estos intelectuales pertenecían al PSOE o a la UGT. Por eso, cuando se empezó a hablar de a quién convendría proponer como presidente de la República, muchos intelectuales (entre otros, los de *Crisol*) pensaron, antes que en Alcalá Zamora o en Lerroux, en Manuel Bartolomé Cossío, continuador de la obra de Giner, catedrático de pedagogía desde 1904 hasta 1929, fecha de su jubilación, símbolo de la tradición institucionista y de un cierto estilo de convivencia cultural y patriótica.

---

[9] *Op. cit.*, «La emoción en un discurso de Castelao», 19 de septiembre de 1931, OC, IX, pp. 240-241.

[10] Véase, de J. A. Balbontín, el capítulo XVI de su libro *La España de mi experiencia*, Colección Aquelarre, México, 1952, pp. 257-262, especialmente las que se refieren a su actuación durante las Cortes Constituyentes, a las que llega a diputado por Huesca en octubre de 1931.

II. LA REFORMA DE LA ENSEÑANZA: PEDAGOGIA, MISIONES PEDAGOGICAS, LA BARRACA, ETC.

Entre los hombres formados por la Institución Libre de Enseñanza que llevaron a cabo desde el poder, durante el bienio 1931-33 y durante el Frente Popular, la reforma de la enseñanza española no puede decirse que el anticlericalismo fuese un *a priori* ineluctable: antes bien se iban oponiendo a la Iglesia y a sus órdenes dedicadas a la educación en la medida en que querían cambiar totalmente las bases de la instrucción pública. Naturalmente la obra que simbolizó, en la opinión popular, la actuación de los intelectuales de la República, más que la reforma agraria o la reforma del ejército, fue esa labor pedagógica de reorganización y desarrollo de la enseñanza *pública*.

Describe así Antonio Ramos Oliveira el ambiente que rodeó aquella reforma de la enseñanza en España:

Parecía que España iba camino de ser, en cierto modo, una magistocracia, un Eldorado de los profesores y de los maestros, que de parias de la sociedad pasaban a ser su nueva aristocracia. La reacción divisaba en estas legiones de la pedagogía laica una especie de clero republicano y masónico que prometía desbancar al clero católico en su gobierno espiritual, y de ahí la saña con que se combatió toda política del Ministerio de Instrucción Pública, la inteligente como la equivocada, la realizable como la utópica [11].

En el primer gobierno de la República se dio el cargo de ministro de Instrucción Pública y Bellas Artes a Marcelino Domingo, que había tenido que exiliarse en París, como vimos, por la sublevación de Jaca de diciembre de 1930. El subsecretario de Instrucción Pública fue Domingo Barnés, y el director general de Enseñanza Primaria, Rodolfo Llopis [12].

Las primeras medidas que se tomaron durante el gobierno provisional fueron: 1) el establecimiento del bilingüismo en las escuelas catalanas; 2) la organización

[11] *Historia de España*, III, pp. 148-150, Compañía General de Ediciones, México; cit. por G. Redondo, *op. cit.*, p. 298.
[12] Aconsejamos al lector consultar en el libro de Mariano Pérez Galán, *La enseñanza en la Segunda República española*, la ordenación cronológica de nombramientos en la Dirección de Instrucción Pública, pp. 98, 205-206 y 308.

del Consejo de Instrucción Pública; 3) la supresión de la obligatoriedad de la enseñanza religiosa (decreto que «europeíza» a España, según declaraciones de Rodolfo Llopis en *El Socialista* de 7 de agosto de 1931); 4) la creación de las Misiones Pedagógicas el 29 de mayo de 1931 y, en diciembre, la de La Barraca (sobre estas dos entidades damos a continuación algunos datos); 5) la decisión de duplicar las 32.680 escuelas existentes y de ampliar el cuerpo de los 36.680 maestros (debido a la necesidad de ir sustituyendo la enseñanza de las órdenes religiosas y también de ampliar la alfabetización). Se elaboró un plan de creación de 5.000 escuelas por año, y para suplir los recursos financieros que faltaban, se necesitó establecer un empréstito que se votó en septiembre de 1932; 6) se procedió también a la reforma de las Escuelas Ncrmales en septiembre de 1931; 7) se cambió el Plan de Enseñanza Media; 8) se emprendió la reforma de la Facultad de Filosofía y Letras, sobre todo con la eliminación de los exámenes singulares por asignatura y la libre elección en el ordenamiento de los estudios; 9) el problema de la lengua oficial provocó en las Cortes varias enmiendas (de los socialistas, de Acción Republicana, apoyada por los radical-socialistas y Agrupación al Servicio de la República y catalanes, y de un grupo, incluyendo a Unamuno, Novoa Santos, Sánchez Román, etc.). En el forcejeo que sigue (sesión del 22 de octubre), Unamuno interviene recalcando el peligro de que el Estado español comparta su poder en la Universidad catalana y criticando de paso, como dijimos más arriba, la excesiva proporción de catedráticos, profesores y maestros de las Cortes Constituyentes [13].

Las Misiones Pedagógicas

Aunque no pudieron hacer gran cosa para disminuir el desfase cultural gigantesco que existía entre las aldeas apartadas y los centros urbanos, las Misiones Pedagógicas han permanecido en la memoria colectiva de los que vivieron los años republicanos como el símbolo del nuevo giro de la política educativa, lo mismo que

[13] M. Pérez Galán, *op. cit.*, pp. 35-59.

La Barraca. Tenían como medio, para propagar la cultura, bibliotecas circulantes, organización de lecturas, conferencias, sesiones de cine, de coros, orquestas, discos, un museo circulante bajo la forma de exposiciones de copias de obras de arte del Prado. El patronato encargado de organizar las Misiones, presidido por Cossío, reunía, entre otros, a Luis Bello, Rodolfo Llopis (que cesará en sus funciones después de la Ley de Incompatibilidades de 8 de abril de 1933), Francisco Barnés, Antonio Machado, Pedro Salinas, Oscar Esplá, etc. Formaba parte de las Misiones el Coro y Teatro del Pueblo, formado por estudiantes que recorrían la provincia en verano con obras de Lope, Cervantes, Calderón… Lo dirigían Alejandro Casona y Eduardo M. Torner [14]. El Museo Circulante estaba a cargo de Rafael Dieste, Antonio Sánchez Barbudo, Luis Cernuda, etc.

En cada pueblo, el maestro era el propagandista de las Misiones. Lo que solía levantar más entusiasmo era el cine, la poesía lírica, las coplas cantadas; pero lo que se desprende de aquellas *Memorias del Patronato de Misiones Pedagógicas* [15] es la extraordinaria miseria de muchos pueblos, la opresión política en la que viven, lo cual hacía que acogiesen a las Misiones sea con recelo, sea con entusiasmo revolucionario.

También se llevaron a cabo Misiones de carácter pedagógico, social o agrícolas. Durante el bienio azañista, las Misiones dispusieron de un presupuesto creciente, y lo contrario ocurrió durante el bienio de las derechas, deseando éstas la supresión de esas Misiones, que, a pesar de representar una gota de agua en el desierto, indudablemente tenían un prestigio muy grande y representaban el espíritu de la República y de la Institución Libre de Enseñanza: por eso mismo eran peligrosas.

La Barraca

Más conocida que El Búho, de Max Aub, o que la TEA, de Rivas Xerif, la tropa universitaria de teatro de La Barraca representó una experiencia artística muy lo-

[14] *Op. cit.*, p. 357.
[15] *Op. cit.*, pp. 358-362.

grada. Federico García Lorca dedicó a esta empresa los cinco últimos años de su vida. Gracias a su amigo Fernando de los Ríos, que reemplazó en el Ministerio de Instrucción Pública a Marcelino Domingo, en diciembre de 1931, Lorca (y Eduardo Ugarte), con la colaboración de estudiantes voluntarios de la FUE, pudo llevar a cabo la organización de la tropa ambulante con una subvención anual de 300.000 pesetas. Todos los detalles de la organización, del reclutamiento de los actores benévolos, de las giras, el repertorio, etc., se encuentran en el estudio que realizó Jean Lambry sobre la *Historia interna y externa del teatro universitario «La Barraca», dirigido por Federico García Lorca y Eduardo Ugarte de 1931 a 1936* [16]. Indiquemos que los chicos de la tropa, y el propio Lorca, iban vestidos con el «mono azul» adoptado como uniforme de trabajo, mientras que las chicas iban con falda azul marino y blusa blanca y, por encima, un delantal de cuadros con cuello blanco redondo. La Barraca funcionó un año antes que el grupo teatral de las Misiones y nunca tuvo, como éste, un carácter predominantemente pedagógico. En una entrevista concedida por José Caballero, ex miembro de la comunidad de La Barraca, a Lambry, al preguntarle éste si los de La Barraca pertenecían también a las Misiones, contestó Caballero:

¡Oh!, no. Se puede decir que casi éramos enemigos. Desde luego nos ignorábamos olímpicamente. Nosotros éramos incondicionalmente de Federico, y ser de Federico equivalía casi a una religión. Los «lorquianos» no podíamos ser de Misiones Pedagógicas, de la misma manera que un católico no puede ser a la vez budista, o un mahometano, protestante. [17]

Realizó La Barraca su primera gira en julio de 1932 y funcionó hasta 1937 (en Valencia). Representó obras clásicas de Lope, Calderón, Cervantes, etc., pero también creó, en homenaje a Antonio Machado, en 1933 y en Madrid, el poema *La tierra de Alvargonzález*, leído por Lorca y acompañado por coros, solistas y personajes vistiendo la pana de *Fuenteovejuna*.

[16] DES, Institut d'Etudes Hispaniques, París, 1961.
[17] *Op. cit.*, p. 15, nota 1.

*Las principales reformas y realizaciones
del bienio azañista*

Durante el bienio azañista fue ministro de Instrucción Pública Fernando de los Ríos, que venía del Ministerio de Justicia. Marcelino Domingo pasa al de Agricultura. Se mantienen Barnés y Llopis en sus respectivos puestos, pero este último tendrá que dejar el puesto en abril del 33, por la Ley de Incompatibilidades, sustituyéndole Federico Landrove. Esquematizando al máximo, presentamos algunos de los puntos más importantes de las reformas realizadas, siguiendo el estudio de Mariano Pérez Galán:

1. El problema de la pedagogía en la Universidad: tanto y más que el PSOE, la Institución Libre de Enseñanza venía luchando por el desarrollo de la enseñanza de la pedagogía en la Universidad. En 1904 se había creado la cátedra de pedagogía (que estuvo a cargo de M. B. Cossío hasta su jubilación en 1929), y en 1909, la Escuela Superior del Magisterio, en la cual enseñó Ortega psicología, lógica y ética en 1909. La coronación de tales esfuerzos se produce en enero de 1932, con la creación de la sección de pedagogía en la Facultad de Filosofía y Letras de la Universidad de Madrid [18], suprimiéndose la Escuela Superior del Magisterio, cuyos profesores excedentes conservan sus derechos. En la cátedra de pedagogía, en la Universidad, se nombra a Domingo Barnés; en la de psicología, a Luis de Zulueta; las de filosofía, biología y sociología fueron desempeñadas, respectivamente, por Hoyos, Rioja y Zaragüeta.

2. La renovación de la Inspección de Primera Enseñanza se llevó también a cabo (aunque la Ley de Bases de la Primera Enseñanza y el Estatuto del Magisterio estuviesen todavía sin resolver en diciembre de 1935 [19]). Un concurso cubrió las plazas en abril de 1933 y fueron nombrados diez inspectores-maestros, así como los inspectores centrales (Pedro Lópiz, Florentino Martínez Torner, Fernando Sáinz y Antonio Ballesteros).

3. En la Enseñanza Media se elabora un nuevo plan de bachillerato y se crea la Inspección General de la

[18] Véase Mariano Pérez Galán. *op. cit.*, pp. 115-119.
[19] *Op. cit.*, p. 124.

Segunda Enseñanza (diciembre de 1932 [20]). Existen entonces tres clases de centros de enseñanza: institutos nacionales, elementales, y colegios subvencionados, que inician su actividad en el curso 1933-1934 [21].

4. Mientras tanto, se lleva a cabo la sustitución de la enseñanza de las órdenes religiosas y la organización de la enseñanza en Cataluña [22].

5. La Universidad Internacional de Verano de Santander, creada en agosto de 1932 [23], ubicada en el Palacio de la Magdalena, respondía a un deseo de hacer convivir a estudiantes y profesores de las diferentes regiones de España con sus colegas de otros países. Su patronato reúne nombres prestigiosos: Ramón Menéndez Pidal como presidente, y como vocales Unamuno (que era también presidente del Consejo de Instrucción Pública), Sánchez Albornoz, Ortega y Gasset, Américo Castro, etc. Eran secretarios Pedro Salinas y José Gaos. En este verano de apertura dieron conferencias allí García Morente, Ortega, Zubiri, Castro, Menéndez Pidal, Blasco Cabrera, etc.

6. La Escuela de Estudios Arabes se creó en enero de 1932, y recuerda Mariano Pérez Galán en su libro que, en el año 1934, dirigiéndose a los diputados Pedro Sáinz Rodríguez y Romualdo de Toledo, ambos de derechas, Fernando de los Ríos ironizó sobre el hecho de que tenía que ser un individuo de la Institución Libre de Enseñanza quien realizase el sueño de Menéndez Pelayo y crease los dos centros de estudios árabes, el de Granada y el de Madrid.

El patronato reúne, entre otros, los nombres de Julián Ribera y Tarragó, Miguel Asín Palacios, Manuel Gómez Moreno, Claudio Sánchez Albornoz, Ramón Menéndez Pidal, y el centro contó entre sus profesores además a Emilio García Gómez, Leopoldo Torres Balbás, Antonio Gallego Burín, Angel González Palencia, y publicó la revista *Al-Andaluz,* que se hizo muy célebre [24].

---

[20] *Op. cit.,* p. 131.
[21] *Op. ct.,* p. 133.
[22] *Op. cit.,* pp. 131-135 y 156-202.
[23] *Op. cit.,* p. 149.
[24] *Op. cit.,* pp. 153 *ss.*

III. LOS INTELECTUALES EN EL CINE: LAS HURDES, DO-
CUMENTALES, REVISTAS DE CINE

Sería difícil intentar trazar un esquema de la actividad
cultural y política de los intelectuales durante la Segunda República sin mentar, al menos, la producción cinematográfica que, aunque reducida si se la compara con
el superior desarrollo de la prensa y de las editoriales,
representa, por su impacto emocional y por el público
de masas que puede alcanzar, el símbolo cultural del
nuevo régimen. Relativamente mal conocido hasta hace
poco, desde el final de la época franquista, en cambio,
se empieza a estudiar y ahora se puede, gracias, entre
otros, a un estudio general de Román Gubern [25], des-
cubrirlo con gran interés. Indiquemos de paso que el
cine de la guerra civil se había estudiado con anterio-
ridad, acaso, en parte, por haber marcado este período
un auge extraordinario del cine de propaganda política.
Dada la óptica de este estudio breve, pondremos de
relieve el desarrollo del cine documental, género en el
que pueden dar más de sí un intelectual que una cierta cultura, una sensibilidad viva y un deseo inequí-
voco de hacer pasar un mensaje sociohistórico a un
público más amplio que el de la prensa, del libro o de
la Universidad.

Apenas instalada la República, Luis Buñuel y su
equipo (el operador Eli Lotar, colaborador de Joris
Ivens en aquella época, el poeta Pierre Unik y el profesor Sánchez Ventura) recorrieron Las Hurdes e hicieron ese «ensayo de geografía humana» que tuvo tanto
éxito y levantó tantos comentarios: *Tierra sin pan* [26].
La película salió en 1933 en Madrid. A Gregorio Marañón, presidente del Patronato de Las Hurdes, le pareció
excesivamente negativa la película [27], y no cabe duda de
que influyó en el gobierno Lerroux para que se la prohi-
biese, tanto en España como en el extranjero, prohibición reiterada posteriormente [28], lo cual indujo a Bu-

---

[25] *El cine sonoro en la II República, 1929-1936. Historia del
cine español,* II, Editorial Lumen, Barcelona, 1977.
[26] Ver las páginas que le dedica Román Gubern en el libro
citado, pp. 184-188.
[27] *Op. cit.,* p. 186.
[28] *Op. cit.,* p. 186.

ñuel a sonorizarla en París en 1937 y a añadirle un texto antifascista que la hacía más propagandística [29].

En la revista *Nuestro Cinema*, César M. Arconada felicita a Luis Buñuel —en un número de febrero del año 1935—, dándole el título de «gran director» y «gran artista», en la medida en que «ha sabido descender del intelectualismo de sus filmes anteriores —magníficos por cierto, y cuya definición tampoco tratamos de hacer ahora— hasta la miseria y la existencia primitiva y brutal de unos seres...» [30].

La película de Buñuel tuvo el mérito, entre otros, de desencadenar el interés por el cine documental en todos los sectores, dado el peso propagandístico de este género. Anotemos la realización en 1934, por Mateo Santos, periodista anarquista y director de la revista *Popular Films*, del documental *Córdoba* [31]; también en 1934, Arturo Ruiz Castillo, hijo del fundador de la Editorial Renacimiento, rueda *El libro español*. Evoca además Román Gubern los esfuerzos de Rafael Gil y de su grupo, Gonzalo Menéndez Pidal, Cecilio Paniagua y José Val del Omar. Este último realizó, para las Misiones Pedagógicas, dos documentales, uno sobre Santiago de Compostela y otro sobre Granada. A propósito de este último, subrayan en sus *Informes* los colaboradores de las Misiones Pedagógicas que en cierto pueblo en que pasaron la película intentaron en la charla que siguió explicar algo de la historia de la ciudad, pero que tuvieron que desistir totalmente de emplear las palabras «Reyes Católicos», pues era tal la exasperación antiderechista que el público lanzaba gritos sólo al oír estos nombres [32].

IV. LA DESVIACION DE LOS INTELECTUALES: ORTEGA Y LA AGRUPACION AL SERVICIO DE LA REPUBLICA, UNAMUNO, AZORIN

El lugar de las Cortes Constituyentes donde se sentaban los miembros de la minoría Al Servicio de la República lo denominaban los parlamentarios El Olimpo. Altura,

[29] *Op. cit.*, p. 187.
[30] Cit. por R. Gubern, *op. cit.*, p. 188.
[31] *Op. cit.*, p. 190.
[32] *Op. cit.*, p. 360.

distancia, hermetismo, superioridad, tales son las características que atribuye Fernández Flórez a los dioses allí emplazados [33]:

El don de hablar está repartido entre dos de ellos por una de esas extravagancias que abundan en todas las mitologías. Es sabido que la función de pronunciar un discurso consta de dos partes esencialísimas: una de ellas, emitir las palabras y agitar los brazos; la otra, beber agua con o sin azúcar. Don José Ortega y Gasset (hijo de Minerva y de uno de los gigantes que quisieron escalar el cielo) es el que habla. Don Gregorio Marañón (fruto de los amores de Venus y de Esculapio) se ocupa en que no falte agua en el vaso de su compañero.

Cuando la voz del filósofo suena, la Cámara observa la conducta que los hombres hemos seguido siempre las pocas veces que los dioses quisieron dejarse oír: primero, escucha; después, alaba; luego, se olvida.

En dos ocasiones memorables dejó oírse, entre otras, esa voz suprahumana de Ortega: el 30 de julio de 1931 esbozó ante las Cortes un programa político que, al parecer, entusiasmó a los mortales de la Cámara [34], cuya idea básica era que en España se necesitaba llegar a una colaboración entre el capital y el proletariado para llevar a cabo la tarea prioritaria de desarrollo económico, lo cual conducía a considerar «maravillosa, increíble y fabulosa» la reforma azañista del ejército, base de la estabilidad del régimen nuevo [35].

Y la otra intervención famosa de Ortega en las Cortes fue aquel discurso de 4 de septiembre de 1931 que, según Fernández Flórez, gustó ya *menos:* dio su parecer sobre el proyecto de Constitución [36], llamando «arcaísmo nacionalista» a la organización de España en regiones, instando, por el contrario, al robustecimiento del Estado republicano, frente a las «grandes organizaciones sociales del tiempo»: la Iglesia, el capital y las agrupaciones societarias [37].

Mientras tanto, en *Crisol,* durante el año 1931, iban apareciendo una serie de artículos suyos, no muy numerosos, en los que iba explicando y desarrollando lo

[33] W. Fernández Flórez, *Acotaciones de un oyente,* 5 de septiembre de 1931, OC, V, p. 845.
[34] *Ibidem.*
[35] Véase el análisis de G. Redondo, *op. cit.,* pp. 331 *ss.*
[36] *Op. cit.,* p. 345.
[37] José Ortega y Gasset, OC, Revista de Occidente, XI, p. 382.

que no cabía en sus escasos discursos parlamentarios. Por ejemplo, el discurso parlamentario de 4 de septiembre fue seguido por el famoso artículo «Un aldabonazo», en *Crisol* del 9 del mismo mes, donde empleaba, al terminar, la fórmula que quedó célebre: «¡No es esto, no es esto!»:

> Una cantidad inmensa de españoles que colaboraron en el advenimiento de la República con su acción, con su voto o con lo que es más eficaz que todo esto, con su esperanza, se dicen ahora entre desasosegados y descontentos: ¡No es esto, no es esto!
>
> La República es una cosa. El *radicalismo* es otra. Si no, al tiempo [38].

En este artículo ponía en guardia a la conjunción republicano-socialista en el poder, aconsejándole no caer en el ridículo de «querer cobrar cómodamente una revolución que no nos ha hecho padecer ni nos ha costado duros y largos esfuerzos» [39].

Y al final del año ya, el 6 de diciembre de 1931, pronunciaba en el cine Opera de Madrid la conferencia cuyo título, «Rectificación de la República», queda en sus *Obras Completas* como el título general que se da a sus artículos políticos del año 1931. Reitera, con otras fórmulas, las ideas de base de «Un aldabonazo»:

> Al cabo de siete meses ha caído la temperatura del entusiasmo republicano y trota España, entristecida, por ruta a la deriva. Y esto es lo que hay que rectificar [40].

Apela a la formación, por encima de partidismos, de un gran movimiento nacional que una a los «trabajadores de la mente» y a los «trabajadores de la mano», «mentefactura y manufactura» [41], con esa otra potencia, la juventud, movimiento capitaneado posiblemente por Miguel Maura; resumía, al terminar, esta tarea con la sorprendente fórmula de «organizar la alegría de la República española» [42].

Para Ortega, en el año 1932, se va a acentuar cada vez más su crítica al gobierno y su distanciamiento fren-

---

[38] *Ibid.*, p. 387.
[39] *Ibid.*, p. 386.
[40] *Ibid.*, p. 406.
[41] *Ibid.*, p. 416.
[42] *Ibid.*, p. 417.

te a la política: dimite, a principios de febrero, de la presidencia de la Comisión de Estado, pretextando exceso de trabajo[43]; sigue criticando el Estatuto de Cataluña (la Agrupación al Servicio de la República publicó en folleto las intervenciones de Ortega y de Díaz del Moral sobre este tema y sobre la reforma agraria en las Ediciones de la Revista de Occidente, en junio de 1932[44]). Llega en junio a escribir un artículo titulado «Estos republicanos no son la República»[45], en el que recuerda que la Agrupación al Servicio de la República tuvo como motivación, entre otras, representar una corriente de opinión que no aceptaba el Pacto de San Sebastián. Esta tendencia culminaría en octubre de este mismo año con la disolución de la Agrupación al Servicio de la República[46], disolución que llega poco más de un mes después del anuncio del cambio de dirección del periódico *Luz,* sucesor de *Crisol,* que perdía, a partir de septiembre de 1932, su autonomía para entrar a formar parte de un «trust», con *El Sol* y *La Voz,* favorable a Azaña y a su política desde esta fecha hasta julio de 1933. Su director en este período es Luis Bello, amigo del presidente del consejo.

La esperanza de Ortega de constituir, a partir del núcleo formado por la Agrupación al Servicio de la República, un gran movimiento nacional republicano se frustró, es cierto, y su balance se enjuicia de manera muy variada. Pero casi todas las opiniones coinciden en considerar que procuró —sin conseguirlo— organizar un movimiento ideológico, autónomo y contrario a los partidos políticos existentes de la conjunción republicano-socialista. He aquí, por ejemplo, la opinión de Guillermo Morón sobre la Agrupación al Servicio de la República:

Una acción morigeradora, pulcra en las actividades, ilusa como toda función de Quijotes; soportó, al parecer, no sólo el desprecio de los partidos, sino la avalancha de la Revolución. La fulgurante historia de este pequeño contingente de intelectuales políticos tiene una entrañable significación en la vida española contemporánea, que está enterrada entre los elevados clamores de la historia más conocida: el desarrollo de la República y su

[43] *Ibid.,* p. 432.
[44] *Ibid.,* pp. 451-488.
[45] *Luz,* 16 de junio de 1932, oc, pp. 489-491.
[46] Manifiesto de 29 de octubre de 1932, en *Luz.*

revolución consecuente. Su actuación es corta y aparentemente tímida; en realidad puso un grano de sal a los duros y gozosos tiempos republicanos, buscando en vano contener a la República en los límites de una imposible serenidad y de una utópica sencillez, incompatible con los desbordes revolucionarios que en España fueron necesarios [47].

Y por su parte, Gonzalo Redondo, en su obra sobre las empresas políticas de Ortega, comenta así el fracaso de la Agrupación:

En realidad, el fracaso de la Agrupación al Servicio de la República lo que venía a demostrar una vez más era la escasa —o, más bien, nula— capacidad política de los intelectuales para suscitar con sus bien articuladas palabras unos fervores que tan sólo levantaban en aquel momento en España los partidos políticos extremos [48].

El propio Ortega, en un artículo aparecido en *La Nación*, de Buenos Aires, el 7 de junio de 1932, titulado «Sensaciones parlamentarias», y escrito a vuelapluma sobre el pupitre parlamentario durante las sesiones de las Cortes Constituyentes, no dice otra cosa: reconoce, con su acostumbrada ironía, que está «mal dotado» para la política, hablando incluso de «ineptitud» [49]. Considera que todo político, en alguna coyuntura, tiene que proferir, para eludir los argumentos de la oposición, «algunas insulseces o extravagancias», y que, por la noche, «el recuerdo de haber dicho esas tonterías» tal vez le produzca una angina de pecho. Y sigue el razonamiento diciendo:

Eso me revela que soy hasta la médula intelectual, pero sólo intelectual, porque sólo al intelectual pura sangre le acongoja y desmoraliza haber dicho tonterías. Y no por vanidad ni narcisismo, sino porque el intelectual que se sorprende en flagrante tontería, es decir, que ha dicho algo que no es verdad, tiene la impresión de haber cometido un crimen irremediable, de haber matado algo... Se comprende que con enternecimientos de esta naturaleza no se puede ser político. El político tiene que ser un poco bruto, un poco ciego. Claro que, al serlo, pierde *ipso*

---

[47] Guillermo Morón, *Historia política de José Ortega y Gasset*, Editorial Oasis, México, 1960, p. 137.

[48] G. Redondo, *op. cit.*, p. 532.

[49] J. Ortega y Gasset, OC, p. 497.

facto la capacidad de hacer argumentos exactos e irrebatibles y alienta el elemento de sonambulismo y semitontería que es la política[50].

Un poco más allá, en el mismo artículo, esboza una teoría de cómo se seleccionan los políticos, teoría que se puede resumir diciendo que una enorme proporción de los políticos «han caído en la política de rebote sobre otras profesiones más exigentes».

Se comprende fácilmente que, con estas ideas, no hayan prosperado las actuaciones políticas de Ortega y de su grupo en el medio de políticos profesionales en el que se movieron durante año y medio. Y se entiende también la agresividad del tono de muchos politizados cuando se refieren a Ortega y a la Agrupación al Servicio de la República. Así saludaba, por ejemplo, la muy militante *Gaceta de Arte* de Tenerife, en su número de octubre de 1932, la desaparición de la Agrupación:

al disolver la agrupación al servicio de la república, esperamos que el filósofo ortega y gasset se retire de la política y se reintegre a sus estudios[51] (conservamos en esta transcripción la particular grafía de *La Gaceta de Arte*).

Si se puede decir, a fin de cuentas, que el retraimiento de Ortega de la política coronó un proceso que había empezado con el primer número de *Crisol,* cuando polemizaba ya con *El Sol,* «periódico frigio»[52], otro tanto cabe afirmar de Unamuno, quien, probablemente, pocos minutos después de salir al balcón del ayuntamiento de Salamanca el 14 de abril de 1931, para proclamar la República, daría comienzo al proceso de crítica y distanciamiento con respecto a la autoridad constituida, proceso que culminaría en su famosa conferencia en el Ateneo en noviembre de 1932.

Al volver de su exilio voluntario de Hendaya, en febrero de 1930, Miguel de Unamuno alcanzó el cenit de su fama de escritor y de su prestigio de opositor político a la Dictadura. Decía Machado, en un artículo

---

[50] *Ibid.,* p. 497.
[51] Página 3, columna 3, núm. 9.
[52] Véase G. Redondo, *op. cit.,* pp. 268 *ss.*

titulado «Unamuno político», en la *Gaceta Literaria* de abril de 1930 [53]:

Es don Miguel de Unamuno la figura más alta de la actual política española. El ha iniciado la fecunda guerra civil de los espíritus, de la cual ha de surgir —acaso surge— una España nueva. Yo le llamaría el vitalizador, mejor diré el humanizador de nuestra vida política [...] Unico político que no usa máscara, Unamuno no será nunca un jefe de partido o partida, ni un caudillo de masas. Para Unamuno no hay partidos, ni mucho menos masas, dóciles o rebeldes, en espera de cómitre o de pastor [54].

Al marcharse Alfonso XIII, desaparecen para Unamuno los dos blancos favoritos de sus ataques: el general y el monarca, y surge en él, muy comprensible, el gran desánimo, la depresión de que son presa aquellos cuya mecánica mental está centrada sobre la lucha contra un sistema de dominación personificado en un hombre que simboliza la autoridad: esta depresión momentánea le hace compararse en «La antorcha del ideal» [55], el 23 de junio de 1931, con Moisés, y preferir que los otros pasen el Jordán de esta nueva España «federal y revolucionaria». Luego ya son las elecciones a Constituyentes y un artículo, «Caciquismo, fulanismo y otros ismos», en el que expresa su desconfianza hacia los partidos políticos y sus programas [56], y pone de relieve el lado positivo del viejo caciquismo.

En agosto también va a tocar otro tema tabú: el de la unidad de España, la España «mono-árquica», que está en peligro con una España revolucionaria [57], tema que volverá a tratar en su primer discurso parlamentario, el 25 de septiembre de 1931, atacando a los partidos del Pacto de San Sebastián, que, según él, pueden acaparar la República.

Y viene ya el episodio «escandaloso» del discurso en la apertura del curso de la Universidad de Salamanca el 1 de octubre de 1931, que le valió que le califi-

[53] Cit. por Jean Bécarud, *Miguel de Unamuno y la Segunda República*, Cuadernos Taurus, 62, Madrid, 1965, p. 9.
[54] Antonio Machado, *Los complementarios*, p. 159.
[55] *El Sol*, 23 de junio de 1931.
[56] J. Bécarud, *op. cit.*, pp. 12-13.
[57] J. Bécarud, *op. cit.*, pp. 14-15.

casen de «irresponsable». Su discurso terminaba con esta frase, explosiva si se considera la coyuntura:

En nombre de Su Majestad España, una, soberana y universal, declaro abierto el curso de 1931-1932 en esta Universidad, universal y española, de Salamanca, y que Dios Nuestro Señor nos ilumine a todos para que con su gracia podamos en la República servirle, sirviendo a nuestra común Madre Patria [58].

Sus opiniones parlamentarias se pueden resumir en los siguientes puntos: prioridad a la reforma agraria, desconfianza con respecto a los movimientos autonomistas, defensa de la lengua castellana, reservas en cuanto a la laicidad del Estado y neutralidad de la enseñanza.

A partir de diciembre de 1931, ya votada la Constitución y elegido como presidente de la República Alcalá Zamora (obteniendo Unamuno, quien no era candidato, un voto), frente al «jacobinismo racionalista» [59] de Azaña, Unamuno, que sigue siendo profundamente republicano, con su «liberalismo impregnado de espíritu religioso», reivindica *toda* la herencia española, la continuidad nacional, la convivencia de todos los valores españoles. Cuando la discusión del Estatuto catalán, en el verano de 1932, aprovecha el momento para denunciar la tendencia que existe en la España republicana de calificar de antirrepublicanos a todos los que no opinan como el gobierno [60]. Es a partir del año 32 cuando expresa críticas vehementes ante los disturbios sociales provocados por la situación agraria y huelguística en general, poniendo en paralelo el resentimiento y la envidia sociales con las reivindicaciones radicales de los proletarios [61]. Frente al movimiento falangista siente la misma repulsión («¿fajismo incipiente?»), opinando que es otro modo de poner una doctrina al servicio de la violencia.

En noviembre de 1932, dos días antes de inaugurar en el Ateneo un ciclo de conferencias sobre el tema «El pensamiento político en la España de hoy», declara en *El Heraldo* (26 de noviembre):

---

[58] OC, VII, p. 1011, cit. por Jean Bécarud, *op. cit.*, p. 17.
[59] J. Bécarud, *op. cit.*, p. 20, nota 15.
[60] *Op. cit.*, p. 25.
[61] *Op. cit.*, pp. 26-27.

Siento pánico, porque tengo miedo a estallar y decir cosas, todas las cosas que hay que decir y que pueden producir un estado de alarma, de inquietud pública... De la crisis, de política, de la opinión pública, del hambre, de todo, en fin, tendré que hablar en mi conferencia del Ateneo, ¡tengo miedo a estallar! [62].

La conferencia de Unamuno fue un ataque en regla a toda la política del gobierno de Azaña, tanto la religiosa como la agraria y la regionalista. Además, según Unamuno, el régimen había eliminado el liberalismo y la justicia. En fin, en los periódicos adictos al gobierno, el tono de las críticas a Unamuno alcanzó una acritud singular: en *El Heraldo* del 30 de noviembre, J. Sánchez Rivera, en un artículo titulado «La República y los intelectuales», llegaba a compararle con el general Sanjurjo:

Lo que ha hecho anteayer don Miguel de Unamuno en el Ateneo no es lícito, aunque diga que no es republicano de esta República. No se puede percibir sueldos por altos cargos de confianza del gobierno [Unamuno era presidente del Consejo Superior de Cultura] para zaherirle del modo violento e injusto con que lo hizo el profesor salmantino. Primero renunciar a los puestos y representaciones de libre nombramiento y después atacar al gobierno como plazca al discrepante. Otra conducta recuerda mucho —aunque en distinto plano, claro es— la de Sanjurjo sublevándose contra el actual gobierno sin dimitir antes, por elemental delicadeza, de la dirección general de carabineros que desempeñaba por designación de quienes tan duramente había de calificar en su bastardo manifiesto [63].

Este autor repitió su ataque el 6 de diciembre en *El Heraldo,* ampliando este tipo de crítica a todo intelectual «disidente circunstancial» que haga con sus ataques al gobierno el juego de la derecha [64].

Entre los artículos que salieron en la prensa con motivo de esta polémica se destacan los de Fernández Flórez, titulados «Cobra y calla» (7 de diciembre) y «Los intelectuales» (11 de diciembre), que recogemos en la antología al final de este volumen [65]. Lo que subraya Fernández Flórez en el primero de estos artículos es

[62] Antonio Ruiz Salvador, *op. cit.,* p. 182.
[63] *Op. cit.,* p. 183.
[64] *Op. cit.,* p. 184.
[65] OC, IX, pp. 377-379 y 379-381.

la irracionalidad del procedimiento de los periódicos incondicionales del gobierno que requieren a Unamuno que renuncie a sus cargos antes de «discrepar públicamente de los hombres que nos gobiernan», como si —dice Fernández Flórez— estos «nuevos ricos del poder» creyesen estar pagando de su bolsillo a todos los catedráticos, los jueces o los guardias de asalto... En el segundo artículo se refiere a la «actitud silente» de Ortega y a la «parlante» de Unamuno, ambos intelectuales considerados por los incondicionales del gobierno como que carecen de «beligerancia política»: hace entonces un elogio de Unamuno recordando que fue a verle a su destierro de Hendaya y que sus actuales críticas encierran muchas verdades. Y termina subrayando el paralelismo entre cómo trataba la Dictadura (y la monarquía) a los intelectuales y cómo los trata hoy la República, y ésta con menos razón que aquéllas, ya que, según Fernández Flórez, lo que fue determinante en el establecimiento de la República «fue la infiltración lenta y constante de lo que esos intelectuales desdeñados decían en sus artículos, en sus libros, la que llevó a votar a varios millones de hombres contra el régimen criticado» [66].

Idéntico panegírico del papel de los intelectuales en el advenimiento del régimen republicano había hecho también Azorín, pero en unas circunstancias menos dolorosas, cuando el entusiasmo republicano estaba todavía intacto entre los intelectuales y se trataba simplemente de hacerles propaganda para las elecciones a Constituyentes: en su sección «Estafeta de alcance», en *Crisol*, dedicó unos cuantos artículos, desde mayo de 1931, a ensalzar la labor de preparación de la República que realizó, desde 1898, «una minoría culta e inteligente» [67]. Al día siguiente de la convocatoria de las elecciones para las Cortes Constituyentes, Azorín publica un artículo, «La República es de los intelectuales», en que subraya el mérito especial que tienen los intelectuales que se incorporan a la República después de servir otro régimen, lo cual era una manera hábil de hacer el «marketing» de su propia candidatura por

[66] *Ibid.*, p. 381.
[67] G. Redondo, *op. cit.*, pp. 308 y 274.

Alicante [68], y al mismo tiempo con estos artículos defendía su corporación contra las acusaciones que desde *El Sol* se les hacía de copar demasiados puestos, por ejemplo cuando Lerroux nombró a varios de ellos embajadores.

Aunque compañero de ruta de Ortega en un principio (publicó unos 71 artículos en *Crisol* y otros 76 en *Luz* [69]), en cambio Azorín sigue una trayectoria más adicta al gobierno de Azaña, por lo menos hasta el reforzamiento de la derecha agraria, notable ya en las municipales del 23 de abril de 1933. En este momento es cuando Azorín opera su «adaptación al ambiente», que describía así en su artículo «Cambio», escrito antes de conocer los resultados de las elecciones de la víspera:

¿Qué es un político? Pues un hombre que con rapidez se da cuenta de un cambio en el ambiente de una nación y se adapta al nuevo ambiente.

¿Qué es un periodista? Pues lo mismo que un político: un hombre que con rapidez se da cuenta de un cambio en el ambiente de una nación y se adapta al nuevo ambiente. Ciego será quien no lo vea [70].

Si bien este viraje testimonia una considerable clarividencia y una franqueza rayana en el cinismo, pone de relieve que Azorín se consideraba más como un periodista o un político que un *intelectual* puro, al menos en este momento de su vida. Este giro a la derecha de Azorín le haría pasar, en septiembre de 1933, de *Luz* a *La Libertad,* de Lerroux, pero no le impediría, cuando la revolución de Octubre de 1934, hacer en algunos artículos alusiones favorables a la amnistía, recordando su campaña propresos de Montjuich en *El País* en 1896-1897 [71].

Pensando también en Pío Baroja, quien nunca se desilusionó con la República, puesto que, contrariamente a Ortega, nunca se ilusionó con ella [72], indiquemos que si la República fue, según la expresión con-

---

[68] José María Valverde, *Azorín,* Editorial Planeta, Barcelona, 1971, p. 366.
[69] *Op. cit.,* p. 371.
[70] *Op. cit.,* p. 376.
[71] «Los tres ámbitos. Atención», en *Ahora,* 24 de enero de 1935, cit. por Valverde, *op. cit.,* p. 382.
[72] Véase G. Redondo, *op. cit.,* p. 196.

sagrada, *de* los intelectuales, no lo fue de los del 98. Aun a Valle Inclán, quien era el mejor tolerado por Azaña, no puede decirse que la República le solucionó realmente su problema personal, ni le hizo más llevaderos los últimos meses de su vida, a pesar de concederle dos cargos más o menos honoríficos. Dice Julio Caro Baroja en su libro sobre *Los Baroja:*

La gente vieja, en fin, vio con ojos críticos lo que iba ocurriendo, y esto fue causa de que después se la considerara enemiga de la República como institución. Gran equívoco... [73].

V. LA EXCEPCIONAL POLITIZACION DE LA «REVISTA DE OCCIDENTE» EN MAYO-JUNIO DE 1931

La veterana *Revista de Occidente,* de José Ortega y Gasset, nacida en julio de 1923, había ido ganándose un prestigio nacional e internacional muy alto, gracias a una pléyade de famosos colaboradores y a la amplitud de los temas que abordaba, desde la literatura y la poesía hasta la física moderna, la geopolítica y la sociología. Pero la fecha de 1931 representa en su trayectoria una apertura, que no volverá a repetirse nunca más hasta su último número, en julio de 1936 (el último de su primera época): la *Revista* se abre excepcionalmente a los problemas candentes de la situación social y política española. Los temas que deciden a la *Revista* a salirse del terreno ampliamente cultural y a tratar de la situación social inmediata de España son cuatro: el problema de los estudiantes, el de la reforma agraria, el acaparamiento de la prensa por el gobierno y la quema de conventos.

Los va tratando todos un asiduo colaborador de la revista, Antonio Marichalar, en tres artículos sucesivos de mayo, junio y septiembre de 1931, siendo este último cofirmado por Fernando Vela, secretario perpetuo de la revista, y más tarde, en 1933, director de *El Sol,* cuando este diario deja de ser progubernamental [74].

---

[73] Taurus, Madrid, 1972, p. 259.
[74] A. Marichalar, «Visto y oído», XXXII, núm. 95, mayo de 1931, pp. 193-204, y núm. 96, junio de 1931, pp. 297-307. A. Marichalar y Fernando Vela, «Visto y oído», XXXIII, núm. 99, septiembre de 1931, pp. 347-351.

A propósito de los estudiantes, Antonio Marichalar opina lisa y llanamente que éstos son *elegibles* (estamos en mayo del 31, y se preparan ya las elecciones para las Cortes Constituyentes). A través de la juventud universitaria, piensan los intelectuales profesores poder constituir un grupo de presión ideológico que no deba nada a los partidos del Pacto de San Sebastián. Marichalar opina que durante las luchas contra la Dictadura han demostrado su aptitud a transformarse de élite universitaria en élite política:

En años duros de una tenaz intervención política, frenada a tiempo, los estudiantes españoles han demostrado su capacidad para ser electores. Más aún, para ser elegidos. Dotes políticas, pero también dotes de trabajo. Esto parecerá insólito a los que oponían siempre el concepto de estudiante y el de estudioso. Y, sin embargo, ahí están, rechazando el aprobado. Son los mismos que crearon, en un momento de colapso oficial, la Universidad Libre y otros recursos marginales... [75].

Marichalar alude aquí al cierre de la Universidad de Madrid por el gobierno, el 16 de marzo de 1929, cierre que motivó la renuncia a sus cátedras de algunos profesores, como Ortega, Felipe Sánchez Román, Luis Jiménez de Asúa, Fernando de los Ríos, Alfonso García Valdecasas, José Torán y Pedro, y Gervasio de Artiñano. El hecho de que la *Revista de Occidente* se decida a salir en defensa de los estudiantes indica que quiere desempeñar un papel como hermana mayor de una vanguardia estudiantil, la de la FUE, que no vaciló en pedir la ayuda de Ortega para colaborar en la creación de la Universidad Libre, iniciativa de charlas, coloquios y clases informales que se organizaron durante los meses del cierre.

La reforma agraria en España también se aborda en este artículo de Marichalar: se presenta como una necesidad ineludible el reparto de los latifundios y se critica de paso la fuga de capitales, que era la plaga de los primeros meses de la República. En cuanto a la quema de conventos y de iglesias, de mayo de 1931, es motivo también de un comentario del mismo autor, que alude al manifiesto surrealista publicado en París sobre este tema, para criticar a Breton, Peret, Crevel y

---

[75] A. Marichalar, art. cit., p. 193.

Eluard por su anticlericalismo energuménico que da del comunismo una visión poco atractiva. Marichalar sigue en esto una tendencia neta de la *Revista de Occidente* desde 1925-1926 de presentar al régimen de la URSS y al comunismo en general como un sistema razonable, que ha ido eliminando sus radicalismos de los años 1917-1919 y que ha entrado en la etapa de la revolución «constructiva». Defienden en la revista esta tendencia también Antonio Espina y Francisco Ayala.

VI. LA REBELION DEL ATENEO CONTRA EL «CORONEL» AZAÑA

Uno de los primeros actos del Ateneo después de la instalación de la República fue aprobar, por aclamación, una proposición de varios socios (entre ellos Clara Campoamor) pidiendo al gobierno un «mayor radicalismo» en su conducta (apertura de un proceso contra Alfonso XIII y depuración de la administración de los funcionarios adictos a la monarquía o a la Dictadura). Un poco más tarde, una comisión del Ateneo fue a ver a Azaña para pedirle la destitución de Miguel Maura, la disolución de la Guardia Civil «y —dice Azaña en sus memorias— alguna otra cosa más, creo que armamento del pueblo»[76]. Consiguió calmarles —dice— dándoles «un poco de palique». «Todos tenían mucha confianza en mí», anota Azaña. «Sí, en mayo de 1931, sí —responde Antonio Ruiz Salvador en su excelente libro sobre el Ateneo—, pero esta situación no iba a durar; el tono displicente de Azaña, y no muy a la larga, no iba a facilitar el entendimiento entre el Ateneo y su presidente»[77].

Claro está que Azaña era el que menos podía extrañarse de tal inversión dialéctica de los papeles: pues, como dice Ruiz Salvador, «tenía que ser obvio para el ministro y presidente del Ateneo que, a lo largo de la historia de la España parlamentaria, la aportación más genuina en el Ateneo había sido la de oponerse, más o menos civilizadamente, a los gobiernos. Al político Azaña podía desagradarle lo que como historiador

---

[76] Cit. por Antonio Ruiz Salvador, *Ateneo, Dictadura y República*, Fernando Torres Editor, Valencia, 1977, p. 116.

[77] *Op. cit.*, p. 116.

conocía de sobra, pero el hecho es que ahora, y como siempre, los ateneístas que de los sillones de «Prado 21» habían pasado al banco azul del Congreso pasarían a ser los denunciantes denunciados, y los que en su día exigieron responsabilidades [78].

Durante la campaña electoral tuvieron lugar en el Ateneo varias conferencias, bajo el título general de «Ante la República», y pudieron expresarse sobre el problema catalán Rafael Campalans, Miguel Vidal y Guardiola, Carlos Pi y Súñer, Carlos Soldevilla; sobre el problema de la mujer, María Martínez Sierra (tres mujeres iban a salir elegidas en las Cortes Constituyentes: Clara Campoamor, Victoria Kent y Margarita Nelken); sobre el anarcosindicalismo, José Villaverde, director de la *Solidaridad Obrera,* de La Coruña, y Angel Pestaña; sobre el comunismo, Andrés Nin.

La radicalización del Ateneo se produjo en función de las ausencias repetidas de cinco miembros de su junta de gobierno, elegidos diputados: Azaña (por Valencia), Galarza (Zamora), Vergara (Valladolid), Martínez Risco (Orense) y Castro (Zaragoza), y en función también de la actitud de Azaña, que aparecía, más que como el presidente del Ateneo, como su propietario.

Empezó la guerrilla (la guerra sería en octubre) entre Azaña y el Ateneo en torno al problema de las responsabilidades (de los gobiernos de antes del 14 de abril, y de después...). Se nombró una comisión de siete ateneístas a finales de agosto, entre los cuales estaba José Antonio Balbontín. Un acto prorresponsabilidades se celebró en el Ateneo el 29 de agosto, hablando Balbontín y Rodrigo Soriano (diputado por Málaga), que recordaron los sucesos de la Semana Trágica de Sevilla y la aplicación de la Ley de fugas a ciertos detenidos con motivo de estos disturbios sociales graves del mes de julio: todo lo cual no hacía más que provocar comentarios desdeñosos e irritados en el diario de Azaña [79].

También se movilizó el Ateneo, en «convención», para pedir una radicalización de las medidas antirreligiosas de la Constitución, desempeñando un papel importante en esto el hermano de Fermín Galán. La junta

---

[78] *Op. cit.,* pp. 114-115.
[79] *Op. cit.,* p. 124.

5

de gobierno reaccionó desautorizando reuniones y manifestaciones, organizadas, según ella, por «un grupo reducidísimo de socios recientes» [80]. A pesar de esto, tuvo lugar una manifestación, y se detuvo a unos manifestantes. Cuatro días después de aprobarse la Ley de defensa de la República, el 24 de octubre, la junta de gobierno proponía la expulsión de cuatro de esos «rrrevolucionarios» (como decía Azaña), entre ellos Galán, y se rechazaba esta proposición por 150 votos contra 17. Era la guerra.

Dice Antonio Ruiz Salvador:

Si las elecciones municipales del 12 de abril habían sido interpretadas como un *que no continúe* [Alfonso XIII], bien pudiera verse en esta votación ateneísta un rotundo *no* a Azaña... El Ateneo, por así decirlo, no aceptaba la política represiva de su Junta [81].

La reacción de Azaña, cuatro días después, en su diario es sintomática de su manera de ver las cosas: llamar «tontería» a esta oposición a su política:

En aquella casa no se hacen más que tonterías, desde que yo no puedo dirigirla personalmente... Tengo un modo elegante de salir de la presidencia en la que no quiero estar, a las resultas de la incapacidad ajena: la Constitución ha hecho incompatibles el cargo de ministro y el de presidente de sociedades particulares. ¡Qué gran idea! [82].

Y copiamos a continuación el sabroso comentario de Antonio Ruiz Salvador:

Un modo elegante...: Azaña podía haber dimitido en cualquier momento, y su doble responsabilidad de ministro de Guerra y de jefe del gobierno hubiera justificado su acción ante los socios (otros presidentes habían dimitido por menos); pero no se trataba de eso, Azaña quería dejar el Ateneo sin que se notara que el Ateneo ya le había dejado a él: Azaña sabía que su retirada era forzosa, pero quería que fuera ordenada, es decir, elegante. Meses más tarde, cuando la retirada seguía siendo forzosa, pero ya sin poder ser elegante, la gran idea pasaba a ser una tontería: «En el Ateneo, la oposición quiere que deje la presidencia pretextando que es cargo *incompatible* con la del gobierno. Es una tontería» [83].

---

[80] *Op. cit.,* p. 126.
[81] *Op. cit.,* p. 129.
[82] Cit. por A. Ruiz Salvador, *op. cit.,* p. 130.
[83] A. Ruiz Salvador, *op. cit.,* p. 130.

No podemos más que mencionar de paso los largos debates ateneísticos sobre la reforma agraria [84] y sobre el Estatuto de Cataluña [85]. A propósito de este último tema, se expresó Miguel de Unamuno, el 28 de abril de 1932, en el mismo sentido crítico que Felipe Sánchez Román lo hizo en las Cortes el 8 de mayo [86]. Unos sesenta ateneístas adoptaban estas posturas anti-estatuto y deseaban una junta extraordinaria para discutir el problema (cosa que no aceptó la junta de gobierno).

Sea lo que fuere, Antonio Ruiz Salvador considera que, ya a partir de una junta general que presidió Azaña el 5 de octubre de 1931 y en la que, según Francisco Barnés, éste «proclamó la ley marcial en el Ateneo» [87], «un sector importante del Ateneo se haría abiertamente antiazañista» [88]. En su diario del día 9, Azaña comenta esta junta con su acostumbrada ironía, y define de paso el Ateneo como el refugio de los políticos frustrados:

La junta fue de lo más chocarrero e ininteligente que he visto en aquella casa. Sucede que los ateneístas más distinguidos son ahora diputados, ministros, gobernadores, subsecretarios, etc., y están en sus quehaceres, no van por allí. Queda una gran masa de socios anodinos y, revueltos con ellos, unos cuantos que pretenden continuar la agitación política del año pasado, creyéndose los verdaderos representantes de la revolución. Nosotros, los partidarios del gobierno, «les hemos hecho traición». Son los inútiles y fracasados que en todo tiempo se han refugiado en el Ateneo; antes esta clase de gentes danzaban en el campo de las letras, y eran *iconoclastas;* ahora, como la política priva y el tono es la revolución, son políticos y revolucionarios con muchas *erres.* En realidad son unos pobres diablos, torpes casi todos, pedantes *ratés* algunos, guillados otros. Hay alguno que hace el comunista tremebundo y gasta camisa de seda y vive de lo que le dan sus hermanas.

En realidad el Ateneo está muy perdido. Y si yo no lo sostuviera, un poco por rutina y otro poco por lástima de ver que se deshace una cosa que pudiera ser útil, no sé quién podría manejar aquello. De todos modos, parece ya imposible que el Ateneo vuelva a ser una gran sociedad literaria [89].

[84] *Op. cit.,* pp. 131-138.
[85] *Op. cit.,* pp. 138 ss.
[86] *Op. cit.,* pp. 139-140.
[87] *Op. cit.,* p. 142.
[88] *Op. cit.,* p. 142.
[89] *Op. cit.,* p. 143.

Se pregunta entonces Antonio Ruiz Salvador «por qué insistía [Azaña] en presidir una institución que despreciaba» [90] y «por qué considerar como una tontería la cuestión de su incompatibilidad cuando venía de la oposición» [91], y concluye burlonamente:

De no haber sido por esta terquedad (que podíamos calificar de unanimidad), esta actitud de llevar la contraria (aunque quiero irme, como quieren que me vaya, me quedo), el Ateneo se hubiera ahorrado polarizaciones importantes, y nosotros las páginas que vamos a tener que emplear en describirlas [92].

Rebate Ruiz Salvador la tesis de Azaña según la cual el Ateneo estaba «atacado de brutalidad comunistoide», probando que sobre el problema de la Unión Soviética se expresaban allí pareceres muy diversos y que «al menos en marzo de 1932 en el Ateneo no había huellas de un monopolio ideológico» [93]. Sin embargo, pone de relieve que, a partir de abril de este año de 1932, «el ambiente ateneísta se iba a caldear» [94] y que varios conferenciantes de derechas, Ramiro Ledesma Ramos, Bugueda, Federico de Urruti, Antonio Pruduman, por ejemplo, no conseguirán terminar sus conferencias y tendrán que abandonar la tribuna ante las demostraciones de diversa índole que se transformarían en algún que otro pugilato en los pasillos de la *Docta casa* [95].

En esto, mayo de 1932, se produce el episodio del premio Fastenrath, declarado desierto por los 25 miembros de la Academia Española encargados de concederlo: la junta de gobierno del Ateneo protesta en la prensa, considerando que la Academia despojaba así del premio a Valle Inclán, quien había presentado tres novelas: *Tirano Banderas, La corte de los milagros* y *¡Viva mi dueño!* [96]. Azaña aprovecha entonces la ocasión para lanzar la candidatura de Valle Inclán como presidente del Ateneo; éste, a pesar de presentarse otros, entre ellos Unamuno, sale vencedor por 311 vo-

[90] *Op. cit.,* p. 145.
[91] *Op. cit.,* p. 146.
[92] *Op. cit.,* p. 146.
[93] *Op. cit.,* p. 148.
[94] *Op. cit.,* p. 148.
[95] *Op. cit.,* p. 150.
[96] *Op. cit.,* p. 151.

tos contra 146 para Unamuno, y con su desparpajo acostumbrado comenta para *El Heraldo* del 31 de mayo: «El Ateneo necesita un freno conservador que yo no podré ponerle; primero, por mis convicciones y mi temperamento, y luego, por mi estado de salud» [97]. Adopta Valle Inclán durante su corta presidencia el tono y las actitudes despóticas del que viene a cumplir una misión de saneamiento de interés nacional, respaldada por el gobierno: de tal modo que se recrudece la campaña antiazañista que capitaneaba entonces Rafael Marín del Campo [98]. Como consecuencia de ataques (muy fundados) contra la validez de la elección de la junta de gobierno presidida por Valle Inclán, dimite la junta el 2 de julio de 1932 y pide la expulsión de Marín del Campo.

Entre las rebeliones con las que tuvo que enfrentarse el gobierno de Azaña durante el año de 1932 están la proanarquista de la cuenca del Alto Llobregat, de 18 a 25 de enero, y la militar proderechas del general Sanjurjo, de 10 de agosto. Las dos tuvieron sus repercusiones en un Ateneo decididamente cada vez más izquierdista.

Ramón Franco dio una conferencia en el Ateneo el 14 de junio de vuelta de un viaje a Villacisneros, adonde fue a visitar a los deportados del mes de enero. Las deportaciones habían sido aprobadas el 10 de febrero por las Cortes, por 162 votos a favor y 14 en contra. Entre estos 14 estaban Ramón Franco, Salvador Sediles, Luis de Tapia, Eduardo Ortega y Gasset, Barriobero, Samblancat, Botella Asensi, Balbontín, Castelao [99]. En el Ateneo, después de la sublevación de Sanjurjo, «numerosos socios» dieron su firma a unos pliegos en los que se solicitaba, dadas las circunstancias, el retorno de los deportados anarquistas [100].

La sublevación del general Sanjurjo tuvo también como consecuencia inesperada que el gobierno liberase al teniente coronel Julio Mangada de la prisión militar donde estaba encerrado por haber gritado «¡Viva

---

[97] *Op. cit.*, pp. 152-153.
[98] Leer en Antonio Ruiz Salvador la interesantísima carta que dirige a Azaña, *op. cit.*, pp. 154-165.
[99] Eduardo de Guzmán, *La II República fue así,* Editorial Planeta, Barcelona, 1977, pp. 138-144.
[100] Antonio Ruiz Salvador, *op. cit.*, p. 180.

la República!» ante los generales Villegas y Goded que acababan de pasar revista a la guarnición de Carabanchel y de proferir palabras que él había considerado como antirrepublicanas [101]. El humor no perdía sus derechos, el 12 de agosto, cuando el Ateneo abría una suscripción popular con cuota de un real para «regalarle al *benemérito soldado de la República* [...] un bastón de mando que le sirva de insignia en el primero que la República le confíe» [102].

Durante el invierno de 1932, el 28 de noviembre, se produjo la famosa conferencia de Unamuno, a la que nos referimos al hablar de su desvío «parlante» y que levantó contra él acerbas críticas de los incondicionales del gobierno Azaña; y se eligió el 14 de diciembre una nueva junta de gobierno presidida por Augusto Barcia, en la cual Gonzalo Lafora era vicepresidente [103], junta que se renovó en sus funciones el 8 de marzo de 1933, pero que cedió el paso, el 8 de junio, a una nueva presidida por Unamuno.

Más que el asunto de Casas Viejas (en el que el Ateneo, después de apasionados debates, rechaza una proposición pidiendo el castigo de la fuerza pública, responsable de la represión) [104], el tema que recibe la adhesión del Ateneo en esta época es la organización del «Comité español contra la guerra», filial del comité internacional que dirigen Romain Rolland, Henri Barbusse, Valle Inclán, Gorki, Einstein, etc. (recordemos que el 30 de enero de este mismo año de 1933 Hitler había jurado el cargo de canciller) [105]. Entre las personalidades españolas y extranjeras que hablaron con esta perspectiva en la tribuna del Ateneo, sede del comité, figura Julián Gorkin, quien en su intervención estima un error juzgar el fascismo imposible en España [106]. Como lo veremos en las páginas finales de este capítulo, no se equivocaba Gorkin.

Todavía dentro del marco de estas asociaciones contra el fascismo, que reunieron a partir de 1933 a numerosos intelectuales, se constituía el 10 de julio, en el

[101] *Op. cit.,* pp. 181 *ss.*
[102] *Op. cit.,* p. 182.
[103] *Op. cit.,* p. 186.
[104] *Op. cit.,* p. 185.
[105] *Op. cit.,* p. 192.
[106] *Op. cit.,* p. 193.

Ateneo, un «Comité español de ayuda a las víctimas del fascismo italiano», en cuya junta directiva figuraban los nombres de Luis Jiménez de Asúa, Corpus Barga, Ossorio y Gallardo, Américo Castro, J. A. Balbontín, Claudio Sánchez Albornoz, Domingo Barnés y Felipe Sánchez Román, entre otros [107].

A partir de la caída del gobierno Azaña y del éxito de las derechas en las elecciones generales de noviembre, esta tendencia de los intelectuales de izquierdas a reunirse en torno a comités y manifestaciones antifascistas se reforzaría con otra paralela que iba encaminada a poner en cuestión, desde el Ateneo, en unión ya con los hombres del primer bienio reintegrados a la *Docta casa,* la política contrarrevolucionaria de Lerroux y de la CEDA.

VII. LOS PRIMEROS INTELECTUALES FASCISTAS Y LA REPUBLICA NACIENTE

Ramiro Ledesma Ramos y La Conquista del Estado

Del lado de los opositores a la potente corriente antimonárquica, el principio del año 1931 se marca con un acto que, con pasar desapercibido en ese momento, no deja de tener una importancia innegable: la publicación, en febrero, del manifiesto redactado por Ledesma Ramos al cual aludíamos más arriba y respaldado por otras diez firmas, entre ellas la de Giménez Caballero, y que se se titula *La Conquista del Estado.* Indudablemente es el primer documento verdaderamente político del fascismo español.

Todos los comentaristas subrayan el carácter estructurado, homogéneo de este texto que lleva la impronta del espíritu sintético y del rigor intelectual de Ledesma Ramos. Dos meses antes de la llegada de la República, el fascismo español ya se encuentra provisto de su «fuero» con todos sus temas específicos: supremacía del Estado, antimarxismo, corporativismo, exaltación de la idea imperial y de la unidad nacional, con un rechazo violento de los separatismos. Todo ello, apoyándose en minorías decididas a emplear la fuerza para afirmarse. Aunque le dio su adhesión Giménez Caba-

---

[107] *Op. cit.,* p. 195.

65

llero, hay que reconocer que semejante programa, encaminado hacia la acción, tiene poco que ver con las piruetas verbales del director de la *Gaceta Literaria*.

Asimismo se estará muy lejos de la *Gaceta Literaria* en el semanario que sale a luz un mes más tarde, con el mismo título de *La Conquista del Estado*, y que va a ser, hasta octubre del 31, el órgano de Ledesma Ramos y de su grupito de militantes. El marco de la controversia que divide al país a propósito del régimen lo fijan muy bien las líneas que entresacamos del número 3 del periódico (28 de marzo de 1931):

Nada nos interesa la monarquía, ni nada nos interesa la República, cosa de leguleyos y de ancianos. Nos interesa, sí, elaborar un Estado hispánico, eficaz y poderoso, y para ello somos revolucionarios. No más fracasados. España se salvará por su esfuerzo joven [108].

Lo que nos interesa especialmente, dado nuestro enfoque, es la importancia considerable que concede Ledesma Ramos al comportamiento político de los intelectuales, y particularmente de aquellos que, cada vez más numerosos, van a acabar adhiriéndose a la idea republicana. A lo largo de sus pocos meses de existencia, *La Conquista del Estado* oscilará entre dos exigencias contradictorias: agresividad contra el *estamento* intelectual, en la medida en que abraza la causa republicana, y, por otra parte, se intenta también recuperar, más o menos artificialmente, a varias de las figuras importantes del momento, pues sienten Ledesma y sus amigos que necesitan intercesores y maestros. Ya desde su primer número, *La Conquista del Estado* toma posición firmemente: «frente a los liberales, somos actuales; frente a los intelectuales, somos imperiales» [109].

Poco antes de las elecciones municipales de abril, un largo artículo titulado «Los intelectuales y la política» [110] recoge y sistematiza estos ataques, preconizando los valores de la acción y oponiéndolos al vano racionalismo de los liberales. No es extraño ver que Azaña

---

[108] Cit. por Tomás Borrás, *Ramiro Ledesma Ramos,* Editora Nacional, Madrid, 1971, p. 178. Este grueso volumen contiene, en sus páginas 157-320, amplios extractos de textos publicados en *La Conquista del Estado.*

[109] Cit. por T. Borrás, *op. cit.,* p. 158.

[110] Véase este texto en nuestro apéndice documental.

primero y el Ateneo después constituyen, entre otros, los blancos favoritos de Ledesma y de sus amigos. En julio de 1931, *La Conquista del Estado* dedica a Azaña en su número 19 las líneas siguientes, debidas a Ledesma Ramos, que testimonian la acritud polémica de este periódico:

Estos intelectuales que viven con más de un siglo de retraso añorando las emociones más viejas son quizá el máximo peligro para la flexibilidad de la República. Su discurso último, a base de tópico liberal y amargor de resentimiento, ha sido sin duda ninguna el fenómeno más reaccionario desde el 14 de abril. Su retórica de vieja gruñona, iracunda, cantando la hermosa conquista de la libertad, es un verdadero atentado a la sensibilidad política moderna [111].

Podrían multiplicarse los textos de esta índole, pero, paralelamente, como lo puso de relieve con mucha justeza José Antonio Gómez Marín [112], Ledesma Ramos procura, y en esto le imitarán todos los líderes del fascismo español, incluido José Antonio Primo de Rivera, forjarse una genealogía, buscar con más o menos laboriosidad y habilidad las afinidades que les puedan vincular con los maestros de las generaciones anteriores. Desde la publicación del manifiesto inicial, Ledesma Ramos envía un ejemplar a Unamuno con unas líneas respetuosas, y éste contesta desde Salamanca, el 3 de marzo de 1931, una larga carta manuscrita, cortés, pero que constituye una negativa terminante y una crítica del fascismo italiano, a la par que un elogio del «viejo y noble liberalismo burgués» [113]. Este documento, poco conocido y muy interesante para seguir la evolución del pensamiento político de Unamuno, se encuentra en la reedición de la obra de Ledesma Ramos por las Ediciones Ariel en 1968.

Como es normal, en *La Conquista del Estado* se le felicita a Maeztu por su evolución y su fidelidad a los valores eternos. Pero es Giménez Caballero el que se ilustra más en esta búsqueda, azarosa a veces, de los «padres» de la doctrina fascista. Muy típico de su manera de ver las cosas es el texto siguiente, sacado del

[111] Cit. por T. Borrás, *op. cit.*, p. 219.
[112] Véase «Los fascistas y el 98», en su libro *Aproximaciones al realismo español*, Castellote Editor, Madrid, 1975, pp. 207-243.
[113] Ramiro Ledesma Ramos, *¿Fascismo en España?*, Ariel, Barcelona, 1968, p. 86.

número 2 de *La Conquista del Estado;* en él vemos a Joaquín Costa, Eugenio d'Ors y Ortega fraternizando de una manera más bien artificial:

Eugenio d'Ors está en estos días intentando bosquejar un nuevo rey —muerto el rey, un nuevo profeta; muerto el profeta, un nuevo Costa.

Ignoro si sus prefiguraciones pueden ser un coqueteo ante el espejo y si aspira a la candidatura.

No por espíritu de casta —ni de Costa—, sino por otras razones, me parece que es de la línea Unamuno, Ortega, quizá del propio Ortega, de quien hay que esperar el nuevo incitador, el nuevo gran arbitrista, el futuro *gran fracasado,* pero creador de una vigencia nacional.

Hay en Ortega aleteos imperiales muy comprometedores. Hay en él también los yerros tácticos de todo profeta, que no acierta a salvar el trecho del dicho al hecho [114].

Una de las originalidades de *La Conquista del Estado* es la simpatía que allí se manifiesta para con la CNT; Ledesma Ramos sueña con nacionalizar, españolizar al anarcosindicalismo, sobre todo sus elementos menos favorables a la FAI, para dar a su propio movimiento la base numerosa y combativa de la que carece. Las mismas veleidades sociales vuelven a aparecer en las aspiraciones a una reforma agraria que se expresan en el periódico. Pero el tema que le valdrá a *La Conquista del Estado* cierta audiencia entre algunos escritores intelectuales es su anticatalanismo inmediato y desprovisto de matizaciones. Unos hombres como Ramiro de Maeztu, Pío Baroja, Menéndez Pidal, José María Salaverría y el propio Unamuno coinciden con Ledesma Ramos sobre este punto, figurando textos de cada uno de los autores citados en el número 20 de *La Conquista del Estado.*

Sin embargo, pasando de la propaganda a la acción, Ledesma Ramos funda, en octubre de 1931, la primera organización fascista española, las JONS (Juntas de Ofensiva Nacional Sindicalista), que empieza modestamente, ya que los primeros miembros no superan la cifra de diez, y que su actividad es más bien restringida. Sin medios financieros y con tan pocos afiliados, Ledesma Ramos decide pasar a la ofensiva contra una ciudadela del campo opuesto, y, el 2 de abril de 1932,

---

[114] Cit. por J. A. Gómez Marín, *op. cit.,* p. 287.

habiéndose puesto una camisa negra y una corbata roja, se presenta en el Ateneo para pronunciar una conferencia titulada «Fascismo frente a marxismo». La diatriba que intenta pronunciar topa con un público hostil. Una de sus afirmaciones características consiste en el carácter totalitario del Estado. Declara:

Hay algo donde el espíritu crítico y la frivolidad de la inteligencia individual deben detenerse ante la majestad del Estado. Sólo contra un Estado artificioso, antinacional, incapaz, es lícito y obligado indisciplinarse. No hay espacio alguno en la vida del Estado nacional para la disidencia contra el Estado [115].

Pero el orador no consigue llegar hasta el final de su discurso, que se termina en medio de la confusión general.

Ernesto Giménez Caballero y El Robinsón Literario

El problema catalán es uno de los puntos sobre los cuales Giménez Caballero presenta posiciones mucho más matizadas, dado sus antecedentes personales. En la *Gaceta Literaria*, GECE había concedido mucho espacio a los escritores catalanes. En 1927 había organizado una «Exposición del libro catalán» en Madrid, preludio a la famosa visita que hicieron unos cuantos grandes intelectuales castellanos a Barcelona en 1930. Esto, aparte de otras divergencias más fundamentales aún, le llevará —lo veremos— a interrumpir rápidamente su colaboración con *La Conquista del Estado*. Desde mayo del 31 se separa de esta publicación y toma otra dirección, que merece estudiarse aparte.

Primero, después de llevarse a cabo el cambio de régimen, Giménez Caballero hace una tentativa por hacer reconocer los servicios prestados a la causa de la República por la *Gaceta Literaria*. GECE pone de relieve, entre los colaboradores de la revista, a los que, como Marañón, Ossorio Gallardo, Ortega, desempeñaron un papel en la instauración del régimen republicano. Naturalmente, hace hincapié en sus méritos catalanistas, y, sobre todo, hecho muy significativo, escribe: «El triunfo del intelectual en España debe recordar jus-

---

[115] R. Ledesma Ramos, *op. cit.*, p. 101.

ticieramente la proporción que nos debe», y añade: «Gobierno de intelectuales, gobierno de la República española, estas líneas no son de justificación ante vosotros, son de recuerdo y justicia» [116]. Pero esta llamada no surte el efecto esperado. Abandonada por la mayoría de sus colaboradores —siendo Eugenio d'Ors, quien se encargaba de la crítica de arte, uno de los últimos fieles—, la *Gaceta Literaria* pierde cada vez más interés y sobrevive hasta desaparecer definitivamente en mayo de 1932.

Pero, paralelamente, Giménez Caballero dedica todos sus esfuerzos a una especie de «anejo» de la *Gaceta Literaria*, cuyo único redactor es él, que se titula *El Robinsón Literario de España*, y que, desde agosto del 31 hasta febrero de 1932, irá publicando seis números. Allí es donde Giménez Caballero expresa con entera libertad sus reacciones y sus humores frente a los acontecimientos y a la dirección que toma la naciente República.

Al comentar la actualidad política y literaria, Giménez Caballero vuelve a tratar muy a menudo el tema de los intelectuales y de su posición esencial en el nuevo régimen, la mayor parte de las veces, hay que reconocerlo, para zaherir a los que copan los puestos públicos y que, bajo una forma u otra, se aprovechan del presupuesto del Estado, trátese de Salvador de Madariaga o de José Bergamín. Pero, al mismo tiempo, expresa la aspiración vaga a que unos grandes intelectuales, Unamuno, o mejor aún Ortega, se decidan a coger en mano el destino nacional. Desilusionado por las intervenciones parlamentarias de este último, se vuelve esperanzado, durante un período, hacia Azaña. Con ocasión de su nombramiento a presidente del Consejo le dedica una serie de artículos en los que esboza un retrato psicológico bastante favorable del nuevo jefe del gobierno. Y es que Azaña representaba para Giménez Caballero precisamente lo que le parecía que España necesitaba, es decir, un intelectual con temperamento de jefe [117].

[116] «La *Gaceta Literaria* y la República», núm. 105, 1 de mayo de 1931, cit. por Miguel Angel Hernando, *op. cit.*, p. 28.
[117] Estos artículos, además de otros posteriores, se reeditarían en un volumen publicado por GECE en 1932, con el título de *Manuel Azaña. Profecías españolas,* y luego reeditados por la

Esta toma de posición, paradójicamente favorable al hombre que encarna entonces las innovaciones políticas de la República, se acompaña, no sin contradicciones —pero, ¿es que GECE puede prescindir de ellas?—, de la reiteración de la mayor parte de sus ideas claves. Reconoce a la República un mérito indudable, el de haber despejado el porvenir de España, y aunque a regañadientes, se ve obligado a renunciar al totalitarismo heroico con el cual soñaba y a aceptar otros valores nuevos, totalmente antagónicos. Escuchémosle:

La República de España es un triunfo de *la niña*. Un éxito radicalmente femenino, *romántico*. De las esencias menos *jabalinas* del país, el intelectual, el humanitario, el socialista, el efebo..., es decir, todos esos grados que conducen al rotundo triunfo de la mujer con falda, sexo y poder, con sus *reaños* al aire [118].

Claro está que la energía de Azaña frente a este panorama resalta con mayor relieve aún y explica las esperanzas que su figura hace nacer en Giménez Caballero.

Sin embargo, en medio de estas sinuosidades y de estas paradojas ingeniosas y, a veces, reveladoras, Giménez Caballero no traiciona, al fin y al cabo, sus convicciones fascistizantes, ni las implicaciones sociales que entrañan. Esto resulta evidente cuando se consulta un texto como «El fascismo en España», publicado en el penúltimo número de *El Robinsón Literario,* en enero de 1932. Allí podemos leer el diálogo siguiente:

—Pues bien: el primer fundamento del fascismo, su esencia social, es la conservación de la clase burguesa frente a la tabla rasa que de ella hizo el comunismo ruso.
—Eso ya lo sabíamos.
—Pero lo que no sabían ustedes es que el fascismo realizó esta conservación de la burguesía *frente* y *contra la misma burguesía.* Por eso se le sometió gran parte de la clase contraria, la proletaria.
—Y ¿cómo realizó tal paradoja?
—Superponiendo un mito por encima de ambas clases históricamente hostiles. El mito del Estado, el mito de lo Nacional.

Editorial Turner en 1975 con un prólogo del autor y un posfacio de Jean Bécarud. Aconsejamos su lectura al lector deseoso de más detalles sobre este problema.
[118] *Tipos y tipismos de la República,* cit. por Carmen Bassolas, *op. cit.,* p. 462.

Para ello eligió como instrumento mágico el llamado sistema corporativo. Un *burgués* y un *obrero*, y por encima de ellos un *representante arbitral del Estado* [119].

Es con un sistema de este tipo con lo que sueña GECE para España, en un momento en que el país va orientándose hacia una vía muy diferente. Políticamente, conforme pasan los meses, va afirmándose la «conjunción republicano-socialista», fórmula política que, en la opinión de GECE, mantiene al país en los errores de siempre. Repite la fórmula de un ministro: «El socialismo es la única fuerza conservadora de España» [120]. Esta hostilidad frente a los socialistas será una de las constantes de los teóricos fascistas españoles. En cambio, Giménez Caballero, lo mismo que Ledesma Ramos, evoca con cierta simpatía las raíces hispánicas del anarquismo y aun dedica a Bakunin un largo artículo bastante favorable. En su pensamiento, este matiz aparece como fundamental, ya que, desde el primer número de *El Robinsón Literario,* Giménez Caballero no había vacilado en escribir: «La primera definición que me permito dar de mí mismo es la de *anarcosindicalista*», y añadía: «al anarcosindicalismo le falta solamente una dimensión de espacio y tiempo que es la historia. Le falta únicamente un sentido de la tradición. Dicho en otras palabras, le falta *Hispanidad*» [121].

Depuradas de los comentarios vinculados a los acontecimientos, despojadas de las breves ilusiones azañistas, reducidas a lo esencial, sin que, por ello, renuncie el autor a su gusto por lo paradójico ni por las asimilaciones originales, las ideas de Giménez Caballero van a sintetizarse, en 1932, en una obra importante: *Genio de España,* uno de los libros claves, varias veces reeditado, del fascismo español. Se trata de una verdadera teoría del fascismo en Europa y de su eventual aplicación en España, con numerosas incursiones a través del pasado nacional, ya fulgurantes, ya aberrantes. *Genio de España* llegará a ser uno de los breviarios del imperialismo falangista. Allí se encuentran vaticinios a lo Spengler, sobre Oriente, Occidente, la catolicidad,

[119] Cit por C. Bassolas, *op. cit.*, p. 466.
[120] Cit. por Carmen Bassolas, *op. cit.*, p. 468.
[121] Cit. por H. R. Southworth, *Antifalange*, Ruedo Ibérico, París, p. 72.

al tiempo que ditirámbicos elogios de Mussolini. Hay que subrayar, dada nuestra óptica actual, la insistencia de Giménez Caballero en proclamarse «nieto del 98», enlazando así su posición frente al problema nacional con la de los grandes antepasados. También cabe recalcar, frente a Ortega y Gasset, su característica toma de posición, que llegará a ser luego un tópico entre los otros doctrinarios del fascismo español, especialmente José Antonio Primo de Rivera. Giménez Caballero empieza con un elogio en regla:

Ortega y Gasset percibió desde su mirador la nueva laborización del mundo europeo que se avecinaba: militantismo contra pacifismo; jerarquía contra democracia; Estado fuerte contra liberalismo; huestes ejemplares (milicias imperiales) contra ejércitos industrializados; amor al peligro frente a espíritu industrial; política internacional y ecuménica frente a nacionalismo en política interior; vuelta a primacías medievales frente a insistencia en valores individualistas, humanistas. Y, sobre todo, capitanes máximos, responsables y cesáreos que asumiesen la tragedia heroica del mandar frente a muñecos mediocres irresponsables y parlamentarios que eludieron constantemente la noble tarea de gobernar mundos [122].

Luego ya vienen las reservas, y particularmente el famoso trozo en que se compara al filósofo con la «urraca» que canta en un nido y deposita los huevos en otro:

Ortega pone su devoción, su pánico religioso en el *Templo de la Humanidad*, que es el Parlamento, el Liberalismo y Ginebra. Pero los huevos, los gérmenes, a pesar suyo, tornan al otro lado [123].

Así Giménez Caballero traía, aunque con retraso, la respuesta al rechazo deliberado de Ortega, quien había reunido en el mismo oprobio al fascismo y al bolchevismo, a los cuales consideraba, en el *Manifiesto al servicio de la República*, como callejones sin salida. Para Giménez Caballero, al contrario, es entre estas dos formas políticas entre las que hay que optar, y su elección parece inequívoca.

---

[122] Ernesto Giménez Caballero, *Genio de España*, Ediciones de la Gaceta Literaria, Madrid, 1932, pp. 107-108.
[123] *Op. cit.*, p. 113.

Los primeros fascistas españoles no fueron los únicos
en comprender que, ante una República que había cap-
tado amplias capas de la clase intelectual, desde los
escritores famosos hasta los estudiantes, era preciso reconquistar el terreno, si se deseaba que el principio
monárquico conservase algún porvenir. Un sector, a lo
menos, de la opinión monárquica militante tomó conciencia, con bastante rapidez, de la necesidad de regeneración doctrinal que se iba imponiendo, alejándose
deliberadamente de la vía democrática y parlamentaria. Ya en octubre de 1930, Eugenio Vegas Latapié,
quien representaba a los elementos jóvenes monárquicos antiliberales, se entrevistaba con Ramiro de Maeztu, con el propósito de crear una revista contrarrevolucionaria.

Unos meses más tarde es cuando irá cuajando este
proyecto, gracias a la iniciativa de una serie de personalidades oriundas, en su mayor parte, del monarquismo «primorriverista», entre las cuales estaba el propio
Ramiro de Maeztu. Se reunieron, en abril de 1931, en
casa del conde de Guadalhorce, antiguo ministro del
Dictador, para sentar las bases de una «escuela del
pensamiento contrarrevolucionario». Pero sólo en diciembre de 1931 lograrán estas tentativas su meta, al
fundar el marqués de Quintana la revista *Acción Española.* Es en torno a esta publicación donde va a pro-
ducirse lo que Ricardo de la Cierva llama atinadamente
«el replanteamiento intelectual de una contrarrevolución» [124]. Ramiro de Maeztu será el verdadero inspirador de este grupo, incluso antes de llegar a ser el director de la revista, en 1933. Es él quien redacta el
editorial del primer número de *Acción Española,* de
cuyo tono da una buena idea el siguiente extracto,
sacado del libro ya citado de Santiago Galindo Herrero [125]:

---

[124] R. de la Cierva, *Historia de la guerra civil española. Antecedentes. Monarquía y República (1898-1936),* Editorial San Martín, 1969, Madrid, p. 212.
[125] S. Galindo Herrero, *op. cit.,* p. 148.

Desde que España dejó de creer en sí y en su misión histórica, no ha dado al mundo de las ideas generales más pensamientos valederos que los que han tendido a recuperar su propio ser [...] No hay un liberal español que haya enriquecido la literatura del liberalismo con una idea cuyo valor reconozcan los liberales extranjeros, ni un socialista la del socialismo, ni un anarquista la del anarquismo, ni un revolucionario la de la revolución [...] El ímpetu sagrado de que se han de nutrir los pueblos que ya tienen valor universal es su corriente histórica. Es el camino que Dios les señala. Y fuera de esa vía no hay sino extravíos.

Al lado de Maeztu, los nombres que aparecen con mayor frecuencia son los de jóvenes ensayistas: Vegas Latapié, Víctor Pradera, José María Pemán, el marqués de Lozoya, Eugenio Montes.

Al lado de la revista se crea poco después un centro cultural en el que Sáinz Rodríguez da conferencias, así como Pemán, quien habla, entre otros temas, de la «traición de los intelectuales». Para todos estos hombres, la monarquía no puede tener futuro si no rompe deliberadamente con el liberalismo que la llevó al fracaso. Es éste un *a priori* intelectual que aceptan de buenas a primeras todos los colaboradores de la revista. Cabe recalcar aquí que este proceso ideológico tiene muchos parecidos con el que siguió el movimiento monárquico francés, a principios del siglo, cuando se constituyó la doctrina de Acción Francesa. Por algo escogió Acción Española llamarse así. Maurras y su escuela ejercerán una influencia constante y creciente sobre Acción Española.

El rechazo del monarquismo liberal que dominó en España desde 1875 se acompaña de un antiparlamentarismo cada vez más marcado y, a partir de allí, de una puesta en duda razonada y total de la idea democrática. Trasladando en la circunstancia española las tesis de Acción Francesa, apoyándose sobre las realizaciones monárquicas de antes de 1789, y sobre los «cincuenta reyes que en mil años hicieron Francia», Acción Española pretende sustituir los principios democráticos que habían demostrado su carácter dañino por los valores específicos de la monarquía tradicional española, tales y como los había ido forjando en el período de su apogeo, durante el Siglo de Oro, es decir, esencialmente la alianza estrecha de la idea católica y de la idea monárquica.

Tal asociación había creado, según Acción Española, un Estado de sólidos cimientos, que supo realizar en América una empresa imperial. Pero los movimientos ideológicos, que empiezan en Europa en el siglo XVI y que triunfan en el siglo XVIII, han hecho tambalearse la excepcional creación española, a la cual es preciso volver cuanto antes. Frente a esta modernidad decadente, cuyo inspirador resulta ser, para los hombres de Acción Española, el Rousseau del *Contrat Social*, tan apreciado por Azaña, mucho más que Marx, hay que reanudar con la tradición española auténtica. Lejos de ser una supervivencia ya superada, ella sola puede constituir la base firme de una restauración monárquica que salvará al tiempo el orden social, pues la preocupación por conservar el orden social y la propiedad privada, frente a amenazas demagógicas de toda laya, se afirma como una de las ideas de base de los colaboradores de Acción Española. Este conservadurismo profundo, que se acompaña incluso, en ciertos miembros del grupo, de una nostalgia por el viejo sistema estamental de antes de la Revolución francesa, deslinda netamente a los de Acción Española de los intelectuales prefascistas y de sus veleidades populistas demagógicas.

Acción Española comporta una resonancia extremadamente reaccionaria que no se encuentra, por ejemplo, en *La Conquista del Estado*. Lo cual no obsta para que los colaboradores de *Acción Española* saluden con simpatía, cuando les conviene, la obra renovadora y salvadora de los movimientos fascistas alemanes o italianos. Pero es en la propia España y en un retorno al pasado nacional donde piensa el equipo de *Acción Española* encontrar los fundamentos esenciales de su doctrina.

IX. LAS VICISITUDES DE LA DERECHA INTELECTUAL EN 1932-1933

Si bien es verdad, como acabamos de verlo, que no se quedan inactivos los diferentes sectores intelectuales ajenos y hostiles al nuevo régimen en 1931-1932, conviene no olvidar que las corrientes diversas que los forman no tienen más que una influencia muy limitada, comparándolos con el dinamismo innegable de la República, durante estos veinte primeros meses de existencia suya, y a pesar de todas las dificultades que encuentra.

El año 1932 es indudablemente, para los medios intelectuales de la oposición, un período de vacas flacas. Ledesma Ramos habla de la «atmósfera glacial» [126] de este año 1932, cuyo rigor tendrá que aguantar él mismo en su propia carne, puesto que, implicado probablemente injustamente en el fracasado pronunciamiento del general Sanjurjo, va a parar a la cárcel. En cuanto a Acción Española, también sufre las consecuencias de estos acontecimientos: le cierran los locales y se interrumpe la publicación de la revista.

Es a principios de 1933 cuando se invierte la situación, con ocasión de dos acontecimientos del mes de enero: en España, el asunto de Casas Viejas, que va a provocar la pérdida de prestigio y luego la caída de la conjunción republicano-socialista. Y en Alemania, la llegada de Hitler a la cancillería del Reich. A este propósito no vacila Ricardo de la Cierva en escribir las líneas siguientes: «Con la subida de Hitler al poder cobran nuevos arrestos los fascistas españoles» [127].

Se constata que es por esas fechas cuando empiezan a dar algunos frutos los esfuerzos propagandísticos de Ledesma Ramos y de su grupo en los medios universitarios. Buena prueba de ello es el choque, ya en marzo de 1933, entre unos cuarenta estudiantes profascistas y la FUE, al tiempo que unos jóvenes «jonsistas», de algún modo relacionados con la Universidad, llevan a cabo operaciones brutales de índole netamente fascista: asalto al local de los Amigos de la Unión Soviética en abril, y un poco más tarde, un intento de apoderarse del Fomento de las Artes. Es especialmente significativo este último acontecimiento, dado el carácter propio de la entidad amenazada, cuya descripción hace Guillén Salaya, citado por Borrás [128]:

[126] Cit. por Tomás Borrás, *op. cit.*, p. 333:
[127] R. de la Cierva, *op. cit.*, p. 526.
[128] *Op. cit.*, p. 426.

El Fomento de las Artes era una institución de gran solera popular en el Madrid liberal del siglo XIX. Allí se había incubado Pablo Iglesias. Allí había dado sus primeras conferencias socializantes. Y allí, con el anarquista Anselmo Lorenzo, había tenido las primeras disputas políticas, eco de las terribles polémicas entre Marx y Bakunin, que habían de ocasionar la escisión en el seno de la primera Internacional obrera y la creación, por parte de los marxistas, los llamados autoritarios, de los partidos socialistas obreros.

El Fomento de las Artes tenía una matrícula de más de cinco mil muchachos de ambos sexos. Resultaba interesantísimo desalojar a los socialistas y comunistas de ese centro de cultura.

Nos hicimos socios de dicha entidad varios jonsistas. La directiva socialista fue barrida por nuestras invectivas en la primera junta general celebrada.

Vemos así que no vacilaban los elementos fascistas en apuntar, en sus esfuerzos propagandísticos, hacia la juventud popular madrileña, procurando retirarla a la influencia de las organizaciones de la izquierda. Y es que los elementos fascistas se sienten con el viento en popa: en este mismo mes de abril de 1933 es cuando sale a luz el primer número de la revista *JONS,* destinada a ser el órgano teórico de Ramiro Ledesma Ramos y de sus discípulos. Uno de los creadores de la revista, Juan Aparicio, ha descrito muy bien el ambiente en que nació este nuevo órgano del fascismo naciente, publicación cuya audiencia en los medios universitarios de Madrid distaba mucho de ser ínfima. El manejo de la porra y el de unas doctrinas más o menos asimiladas están en íntima conexión entre los propagandistas de JONS, y el abanico de los colaboradores es muy amplio:

Ledesma dispuso que su precio de venta fuera el de una peseta, puesto que un café en el Café del Norte no nos costaba menos. Con esta ironía muy suya señalaba una ruta de ascetismo a muchos camaradas de las JONS, que habían de prescindir de aquel pequeño esparcimiento para nutrirse de nuestro credo. Sin embargo, las milicias jonsistas apiñábanse en La Gruta y en otros bares típicos del triángulo formado por las glorietas de San Bernardo, Bilbao y Quevedo. Eran estudiantes de la Universidad y de los Institutos de Cisneros, Calderón y Lope de Vega, aprendices de Chamberí y deportistas de los clubs de barrio. Con porras, vergajos y unas cuantas pistolas se aprestaron a vender el primer número de la revista *JONS* en aquel mes de mayo estudiantil y sobresaltado por los exámenes.

78

Al Café del Norte concurrían Ramiro Ledesma, Enrique Compte, Jesús Ercilla, Lorenzo Puértolas, Emiliano Aguado, Tomás Bolívar, José María Castroviejo y yo —todos, asiduamente—, y de vez en cuando Santiago Montero Díaz, camino de Santiago de Compostela, o a su vuelta de Alemania; Eugenio Montes, entre dos corresponsalías al extranjero y leyendo a José de Maistre; Fernando Quadra Salcedo, el gótico marqués de los Castillejos y directo sucesor por línea de varón de Iñigo Arista. Cada dos o tres semanas llegaban los enlaces de las provincias y quienes aprovechaban las rebajas ferroviarias de San Isidro para estrechar la mano de Ledesma. Otros no acudían a la reunión, pero trabajaron en la redacción del número, como el almeriense José María Cordero, para quien la geopolítica es ciencia más conocida que el Paseo del Príncipe de su urbe natal. Y más tarde Ernesto Giménez Caballero.

Onésimo Redondo, José María Areilza y Javier María de Bedoya enviaron sus artículos desde Lisboa, Bilbao y Valladolid, respectivamente. Así como después Francisco Bravo, de Salamanca; Montero Díaz, de Galicia; Félix García Blázquez, de Palencia; Nemesio García Pérez, de Valderas; Ildefonso Cebriano, de Barcelona, y José María Fontana, desde Reus. Eran nuestros corresponsales y animadores de los grupos jonsistas de cada localidad. Porque el jonsismo se había diseminado a través de la península, concentrando su virulencia y su fe en la mayoría de las universidades. Todavía me refieren emocionados los antiguos estudiantes de aquella época el fervor numinoso con que esperaban el paquete de revistas con tantas palabras maravillosas y con un acento tan patético y embriagador. Entre sus páginas aparecía la mano palmada, la espada justiciera, el yugo de Fernando, las flechas de Isabel, el águila bicéfala y la cruz antañona de San Andrés o de Borgoña [129].

Durante esta misma primavera de 1933 se afirma igualmente, paralela a la de Ledesma Ramos, la personalidad del otro gran líder del fascismo español, José Antonio Primo de Rivera. Tomás Borrás, cuya obra de densas páginas es una fuente valiosa de información, a pesar de lo apologético del tono, recalca precisamente que fue a principios del 33 cuando alcanzó cierta fama, y, para Borrás, tal notoriedad se debe en gran parte a las cualidades literarias de José Antonio:

Aplicado al oficio para que él estaba dotado con eminente señorío: la palabra escrita y hablada [130].

---

[129] Cit. por Tomás Borrás, *op. cit.*, p. 381.
[130] T. Borrás, *op. cit.*, p. 366.

José Antonio Primo de Rivera es, para Borrás, un hombre formado por numerosas lecturas, y es gracias a su amplia cultura política como se encuentra apto para refutar los sofismas de moda. En esto se distingue de Ledesma Ramos, cuya sólida formación doctrinal se acompaña de duras experiencias vividas. Así pues, dos tipos de intelectuales, José Antonio y Ledesma Ramos, van a coincidir en una empresa común, aunque efímera, para hacer conocer sus posiciones a un amplio público.

En efecto, en torno a Giménez Caballero, secundado por varios periodistas italianos, se organiza en marzo de 1933, con el respaldo de una importante publicidad, el lanzamiento de un periódico titulado sin más ni más *El Fascio,* en el cual colaboran no sólo José Antonio y Ledesma Ramos, sino también una serie de intelectuales fascistizantes, tales como Rafael Sánchez Mazas y Juan Aparicio. Alcanzan el número de 125.000 suscriptores, lo cual demuestra el progreso de las ideas fascistas en la opinión. Pero *El Fascio* no iba a sacar más que *un* número, pues fue prohibido por los poderes públicos.

Para *Acción Española* 1933 representa también un período de renacimiento después de los avatares de 1932. El nuevo giro lo da Calvo Sotelo, entonces exiliado en Francia y marcado de manera decisiva por Maurras y su escuela. A través de él, y también gracias a otros colaboradores de la revista, entre los cuales se encuentra Eduardo Aunós, la doctrina de Acción Francesa imprime su marca en Acción Española, equilibrando y completando la de Maeztu. Este último dista mucho, sin embargo, de quedar inactivo, ya que se publica, en 1933, la primera edición de una de sus obras, que resultará ser uno de los breviarios de la derecha española: *Defensa de la Hispanidad.* Allí Maeztu, después de una tradicional crítica de la idea democrática, hace el elogio de la monarquía católica, con la cual tiene que religarse España si quiere volver a su destino histórico; exalta la obra de Menéndez Pelayo, en fin, vuelve a tratar una serie de temas que van a ser manejados, difundidos y vulgarizados permanentemente en España después de 1939.

4. RADICALIZACION Y VACILACIONES DE LOS INTELECTUALES ESPAÑOLES EN 1933-1934

I. LA CRISIS DE CONCIENCIA INTELECTUAL: DE ORTEGA A «CRUZ Y RAYA»

En el transcurso del año 1933, el régimen español atraviesa una verdadera *crisis de identidad* que va a culminar con el cese de Azaña y la formación de un gobierno Lerroux que llevará a cabo las elecciones generales de noviembre del mismo año. Paralelamente se constata, entre los intelectuales situados en las diferentes corrientes de opinión, una especie de *crisis de conciencia,* una generalización del famoso «¡No es eso!» de Ortega, antes del endurecimiento del mes de octubre del año 34. Esta crisis es una consecuencia no solamente de la desilusión que sienten los intelectuales ante el fracaso de la experiencia de gobierno de la coalición republicano-socialista en los dos primeros años del funcionamiento de la democracia liberal, sino también, a nivel internacional, del reforzamiento de las corrientes autoritarias de talante fascista en Alemania y en Austria durante 1933 [1], corrientes que ejercen un poder de seducción innegable entre sectores relativamente amplios de la opinión «ilustrada».

Si nos limitamos a las corrientes intelectuales situadas a la derecha o en el centro, comprobamos una *puesta en cuestión* de los fundamentos del régimen, tal y como había funcionado desde 1931, que se manifiesta por una serie de actitudes características y por la aparición de grupos político-intelectuales, cuyo modo de expresión particular van a ser las revistas. Los examinaremos sucesivamente.

Veamos primero el comportamiento de José Ortega y Gasset, uno de los más característicos de todos. Precursor en cuanto a este tema, ya en octubre de 1932

---

[1] Hitler, canciller del Reich en enero de 1933; Dollfuss, canciller de Austria en marzo del mismo año.

Ortega anuncia en un discurso en la Universidad de Granada que abandona la política activa y, en la misma época, se disuelve la Agrupación al Servicio de la República. Ortega se retira, pues, a su «cenáculo intelectual». Pero a fin de explicar su posición personal, romperá el silencio después de las elecciones de noviembre del 33 publicando en *El Sol* dos artículos de gran interés, el 3 y el 9 de diciembre. El primero se titula «¡Viva la República!», y expone la defensa de una «política de afirmación nacional» por encima de los partidos, que suena curiosamente a «gaullismo» por anticipado, con la consabida búsqueda de una «conciencia nacional colectiva». El conjunto se inspira en una especie de *republicanismo vagamente plebiscitario,* con una llamada a la juventud y a las masas, pero sin desprecio ni despego por éstas, contrariamente a lo que se podía esperar del autor de la *Rebelión de las masas.* El segundo artículo, «En nombre de la nación, claridad», despide el mismo tufillo «gaullista»: «La República es el destino que hoy se abre ante los españoles para hacer o rehacer una nación.» De hecho, el artículo es una toma de posición en contra del régimen de los partidos. No puede uno por menos de comprobar la coincidencia de algunos de estos temas con los de la naciente Falange, lo cual obliga a volver una vez más sobre el tan trillado tema de la influencia orteguiana en la ideología falangista.

No cabe duda de que para Ramiro Ledesma Ramos y José Antonio Primo de Rivera Ortega representó un guía espiritual, aunque sin rebasar esta jefatura intelectual unos límites muy generales. No hay que olvidar que José Antonio, contrariamente a Ortega, aprobaba —ya desde la fundación de la FE— la utilización de la violencia callejera (la famosa «dialéctica de los puños y de las pistolas») como sustituto de la dialéctica intelectual cuando ésta resultaba impotente ante las «ofensas a la justicia y a la patria». Según la atinada expresión de Mainer, Ortega sigue siendo en esta época el líder del «liberalismo regeneracionista», pero es indudable que a los grupos pre o parafascistas les venía muy bien recalcar el «regeneracionismo» dejando de lado el «liberalismo».

Un testimonio concreto de la influencia de Ortega sobre José Antonio Primo de Rivera se encuentra en el libro de Francisco Bravo *José Antonio, el hombre, el jefe, el camarada,* que se refiere precisamente a estos años de 1933-1934, en los que nos centramos ahora. Bravo evoca una conversación personal con José Antonio después del mitin falangista de Valladolid en marzo de 1934, en la cual José Antonio recalcó que «en Ortega están las raíces intelectuales de nuestra doctrina, en especial de este postulado que yo estimo fundamental de la *unidad de destino*» [2]. Pero José Antonio añade en seguida que sólo vio a Ortega en persona una vez, unos breves instantes, y que éste indudablemente se interesa por lo que hacen, «aun cuando persiste en su equivocación liberal, que le hace enfocar erróneamente el hecho histórico del fascismo» [3].

Por parte de Ledesma Ramos, el doctrinario más completo del fascismo español, se expresan reticencias más marcadas con respecto a Ortega, aunque no niegue Ledesma haber sufrido su influencia. Ya desde 1931 Ledesma Ramos reprochaba a Ortega el conformarse con la concepción antigua del Estado, «institución al servicio de la nación, del pueblo». Ortega rechaza la identificación entre *pueblo* y *nación,* lo cual constituye, según Ledesma, un vicio radical. Partidario del Estado liberal burgués, Ortega no entiende que «pueblo y Estado son algo indisoluble, fundido, cuyo nombre es todo un designio gigantesco». Este negarse a admitir semejante concepción, en este caso la negación de Ortega a aceptar una *forma totalitaria del Estado,* le impide, según Ledesma Ramos, comprender tanto «el férreo Estado soviético» como «la musculatura del Estado fascista» [4].

Queda abierta la polémica, pero, en conjunto, puede considerarse que el Ortega silencioso y apartado de la política de los años 1933-1934 ha sido un personaje venerado por la mayor parte de aquellos a quienes tentó el fascismo, pero, al fin y al cabo, irremediablemente diferente, infectado, según ellos, por un *liberalismo* congénito y a quien sigue resultando ajeno el totalitarismo fascista [5].

---

[2] Francisco Bravo, José Antonio, *El hombre, el jefe, el camarada,* Ediciones Españolas, Madrid, 1940, p. 53.
[3] *Op. cit.,* p. 54.
[4] *La Conquista del Estado,* núm. 8.
[5] Dice Ortega en *La rebelión de las masas,* p. 124: «La forma

Además, estos dos artículos posteriores a las elecciones de 1933, con los cuales Ortega rompe el silencio, suenan a muy republicanos y reafirman, con las reservas señaladas antes, su adhesión al régimen establecido en 1931. Allí, por una parte, Ortega trata sin contemplaciones a la derecha y a los *cedistas,* exigiéndoles una auténtica profesión de fe liberal y la prueba de lealtad a la República, pues, dice, «desconfía de la demagogia de las beatas». Por otra parte, condena cualquier «derrotismo» y pide a los republicanos que no se sometan ante esa derecha de intenciones turbias.

El segundo punto que pasaremos a examinar es el significado profundo del apartamiento político de Ortega y de la derrota de Azaña. Puede ponerse en paralelo a estos dos hombres que experimentan un eclipse análogo a finales de 1933, a pesar de que sus relaciones mutuas resultaron siempre difíciles e incluso francamente pésimas. Ambos encarnan una manera racional, razonada de concebir el funcionamiento del régimen republicano, aun si abocan así a posiciones concretas diferentes. Juan Marichal señaló muy acertadamente más de una vez con qué energía rechazaba Azaña en política el bastardo empirismo y quería gobernar con la razón, lo cual muestra la estrecha asociación en Manuel Azaña del intelectual y del político.

Con el encumbramiento de los radicales, el poder queda ya en manos de los gestionarios, de los «diestros», de los empíricos, quienes controlan el gobierno con Lerroux y sus amigos, por una parte, con Gil Roble y su gobierno, por otra, después de las elecciones de 1933. Todo lo cual descontenta a los intelectuales. En la derecha, e incluso fuera de la derecha pura, entre ciertos católicos, los valores de emoción, pasión y voluntad se vuelven cada vez más atractivos. Según la fórmula de Dionisio Ridruejo, testigo privilegiado de este cambio en las mentalidades, es allí donde el fascismo viene a insertarse como un puente, una pasarela cómoda para los que rechazan la democracia liberal, a la que consideran superada, sin querer ir no obstante

que en política ha presentado la más alta voluntad de convivencia es la democracia liberal. El liberalismo —conviene hoy recordar esto— es la suprema generosidad, es el derecho que la mayoría otorga a las minorías y es, por tanto, el más noble grito que ha sonado en el planeta.»

hasta la revolución pura y simple [6]. Si volvemos al caso de Azaña y de Ortega, y de su experiencia personal de los años 1933-1934, se constata que el uno y el otro, a través de procesos diferentes, terminan distanciados del desarrollo del régimen, como observa también Ridruejo, haciendo hincapié en el hecho de que Ortega, al concebir la historia como un movimiento dinámico de exhortación minoritaria seguido de una respuesta masiva, sufre una desilusión al ver que el régimen nacido en 1931 no sigue su esquema y que sus guías no son, en definitiva, más que unos meros políticos o unos demagogos de segundo orden. En cuanto a Azaña, aunque mucho más comprometido en la política activa, emite de hecho juicios análogos sobre sus colegas del gobierno, de los cuales pocos escapan a sus opiniones cáusticas y despectivas. Azaña no demuestra, por cierto, mayor indulgencia con respecto a los representantes de las jóvenes generaciones. En su libro sobre Azaña, Emiliano Aguado relata un diálogo muy característico entre Fernando de los Ríos y el propio Azaña: «Hay que dar algo a estos intelectuales —dice F. de los Ríos—, porque si no les damos nada van a hacerse fascistas. —Que se hagan fascistas, se dice que contestó Azaña, es lo suyo» [7].

No es de extrañar el que muchos intelectuales jóvenes, por su lado, enjuicien con severidad el régimen del primer bienio y al propio Azaña. Buena muestra de estas nuevas tendencias intelectuales de estos años son dos revistas de las cuales diremos algo ahora.

La tendencia a la crítica del bienio azañista es palpable en uno de los órganos más significativos de los intelectuales jóvenes, no atraídos por el marxismo y que se consideran católicos, aunque sin pertenecer a la derecha tradicional, es decir en *Cruz y Raya*. Desde los primeros números de la revista, de inspiración católica, pero que rechaza todo carácter confesional, fundada por José Bergamín en abril del 33, resulta obvia la «desilusión» producida por el régimen republicano. Bergamín, el primero, denuncia la «vacuidad» y la «va-

[6] *Escrito en España*, Editorial Losada, Buenos Aires, 1964, página 12.
[7] Editorial Nauta, Barcelona, 1972, p. 302.

nidad» del sistema político [8]. Se critican en particular
todos los aspectos anticlericales del régimen, como era
de esperar por parte de una revista que se pretende
órgano de una élite católica ilustrada, pero convencida.
Azaña no se libra de las críticas, ni mucho menos. Es
a él a quien alude la revista al citar a Chesterton, quien
criticaba a los que «empiezan por odiar lo irracional
y acaban odiándolo todo porque todo es irracional» [9].
Otra vez es él el encartado cuando la revista publica
un antiguo artículo del semanario *España,* en el que
definía Azaña su proyecto de hacer de España «una
asociación democrática regida con humanidad» [10]. Tenemos que resaltar, por cierto, que a Ortega se le de-
fiende, alabando su espíritu independiente que tenía
que acabar por separarle del equipo dirigente.

Es interesante poner en paralelo con *Cruz y Raya*
una revista como *Azor,* publicada desde 1932 en Barcelona, bajo la dirección de un escritor que terminó
uniéndose a la Falange y de quien volveremos a hablar,
Luis Santa Marina; revista cuyo sentido definió José
Carlos Mainer en una comunicación realizada en Pau
en 1972. Aunque dirigiéndose cada vez más hacia el
fascismo, a los redactores de *Azor,* al principio, no se
les ocurre en absoluto rechazar de raíz la República,
a la cual sólo pretenden galvanizar, rejuvenecer y estimular, al tiempo que denuncian las debilidades del régimen frente a los autonomismos regionales. Hecho
significativo, acogen con mucha simpatía la creación
de *Cruz y Raya,* y es lógico, ya que no faltan las coin-
cidencias.

Como primer rasgo común está lo que llama Mainer
el sentimiento «castizo popular». Bergamín pone en tela
de juicio las Misiones Pedagógicas organizadas por el
gobierno republicano para desarrollar la alfabetización
en el campo, pues, en su opinión, «toda la historia de
la cultura popular española en sus valores espirituales
más puros está formada en razón directa de su anal-
fabetismo popular constante» [11]. Posición paradójica
que se aproxima a la de *Azor,* revista en la cual se

[8] Jean Bécarud, *Cruz y Raya,* Cuadernos Taurus, 88, Madrid,
1969, p. 40.
[9] *Op. cit.,* p. 44.
[10] *Op. cit.,* p. 44.
[11] *Op. cit.,* p. 43.

concede amplio espacio en cada número para el folklore, los refranes o las canciones populares. Esto conduce a *Cruz y Raya,* igual que a *Azor,* a reivindicar el pasado nacional en su totalidad, con el prurito de recordar orgullosamente los siglos del Imperio. De donde deviene una negación explícita a aceptar la visión liberal y heterodoxa, que es la de la Institución Libre de Enseñanza, por ejemplo; a ésta se la considera, por cierto, como nociva, ya que separa al joven español de las épocas más estimulantes y apasionadas de la historia nacional.

Esta visión, que haría suya cualquier historiador estrictamente conservador, aparece textualmente en un artículo de *Cruz y Raya* publicado en 1934, con la firma de Salas Viu. Y es que en esta época de confusión y de inquietudes, que empieza en 1933 y durará hasta la insurrección de octubre del 34, todavía no están tan netamente deslindados los campos. La cristalización de las ideas se irá realizando lentamente en el transcurso del año 35 y durante la formación del Frente Popular, en 1936, sin que por ello llegue nunca a ser total. Entre los intelectuales que no se declaran partidarios ni del comunismo, ni del socialismo, ni del movimiento libertario reina una gran confusión. Los «prefascistas» o «parafascistas» siguen manifestando cierta nostalgia liberal y algunos católicos de izquierdas demuestran veleidades autoritarias; unos y otros sienten una gran desconfianza por un capitalismo en crisis y por una democracia parlamentaria que, a todas luces y por todas partes, revela su importancia y su caducidad.

Esta especie de *indeterminación* de un sector importante de los jóvenes intelectuales explica el hecho de que unos escritores de tendencias y de temperamentos muy dispares colaboren juntos en publicaciones muy diferentes. Así es como Max Aub, hombre de izquierdas indudablemente, pero cuya preocupación primordial es la literatura ante todo, publica en 1932-1933 su novela *Luis Alvarez Petreña* en *Azor,* donde se publican asimismo textos del muy monárquico y conservador José María Pemán. En octubre de 1933, un profesor de la Universidad de Oviedo, Alfredo Mendizábal, colaborador de *Cruz y Raya,* con ocasión de la Semana Social Católica que tiene lugar en Madrid, condena el «nacionalismo estrecho y agresivo», mientras que Rafael Sánchez Mazas, igualmente colaborador de *Cruz y Raya*, elogia entusiásticamente en la misma revista, en el mes de agosto, los valores guerreros y heroicos, apareciendo, en este mismo mes de octubre del 33, entre los fundadores de la Falange.

II. FALANGE, «ACCION ESPAÑOLA» E INTELECTUALES: DE JOSE ANTONIO PRIMO DE RIVERA A RAMIRO DE MAEZTU

El punto que examinaremos ahora será el de la relación entre la Falange y los intelectuales. Vicente Marrero, representante de la derecha franquista más intransigente, próximo al Opus Dei y adversario de la Falange, escribe en su libro polémico *La guerra de España y el trust de los cerebros*: «La Falange, movimiento intelectual, obra de intelectuales, bajo la jefatura de intelectuales» [12]. Es difícil hablar más claro, y subrayemos que este tipo de opinión es bastante corriente. Payne, en su libro sobre la Falange, titula uno de sus capítulos, precisamente aquel que se refiere a los años 1933 y 1934, «Poesía y terrorismo». Por fin, el más duro, el más auténticamente totalitario de los fascistas españoles de los años 1931-1936, Ledesma Ramos, subraya, criticándolo, el aspecto exageradamente intelectual de la Falange naciente. Pone de relieve la importancia de la influencia sobre dos de los fundadores de la Falange, Ruiz de Alda y Primo de Rivera, del escritor Rafael Sánchez Mazas, a quien califica de «proveedor de retórica» [13]. Otro de los fundadores, García Valdecasas, era precisamente un «intelectual joven, universitario y profesor» [14]. Había pertenecido además a la Agrupación al Servicio de la República, lo cual indica claramente sus orígenes. En cuanto al semanario *FE*, órgano de la Falange, al examinar sus primeros meses de existencia, octubre de 1933 a febrero de 1934, Ledesma Ramos critica su escasa seriedad política, recalcando que en vez de proporcionar consignas precisas o formación básica, este órgano no es más que un «se-

[12] Página 255.
[13] *¿Fascismo en España?*, Ariel, Barcelona, 1968, p. 137.
[14] *Op. cit.*, p. 135.

manario retórico, relamido, en el que se advertía el sumo propósito de conseguir una sintaxis académica y cierto rango intelectual» [15].

Para explicar esta tendencia hay que recordar esa preocupación constante de José Antonio de ir a contracorriente de su padre, quien se había desligado de los intelectuales, enfrentándose con los más famosos de ellos. Como escribe Ledesma Ramos, tenía el afán de contar con los intelectuales, de halagarles y de apoyarse en ellos. Y añade esta idea muy significativa: «Preocupación errónea, porque el *verdadero creador* político —ejemplo histórico Napoleón, y ejemplo actual Mussolini— *tiene siempre y encuentra siempre* su constelación de intelectuales, cuya misión no es de *vanguardia,* sino de *retaguardia,* justificando con retórica y conceptos lógicos los triunfos activos del político» [16]. Así aparece nítidamente el concepto peyorativo y estrecho que tenía Ledesma Ramos, fascista auténtico, respecto a los «clercs», o sea a la intelectualidad, frente a un José Antonio que quería heredar de Ortega la «elegancia dialéctica» [17]. Estamos a distancias siderales del papel que Ortega, ex maestro de Ledesma Ramos, quería atribuirles, concediéndoselo también a sí mismo.

Entre estos intelectuales falangistas, aparte de Sánchez Mazas, está Santa Marina, el fundador de *Azor,* a quien Max Aub pinta sugestivamente en *Campo Cerrado.* Están Giménez Caballero, Agustín de Foxá, Eugenio Montes, grupo que frecuenta las tertulias madrileñas de José Antonio.

Conviene notar que, por lo menos en el comienzo del movimiento, y dado su común afición por la grandeza histórica y su nostalgia imperial, los falangistas no condenan de raíz el estado de espíritu que se tradujo por la instauración de la República. En abril de 1934 José Antonio, en la revista *FE,* califica el 14 de abril de 1931 de «alegre esperanza colectiva». Pero estas energías nuevas captadas por los viejos políticos deben ser utilizadas, según él, con vistas a una vaga «revolución» nacional, idea contradictoria pero perfectamente

---

[15] *Op. cit.,* p. 146.
[16] *Op. cit.,* p. 140.
[17] Según la fórmula de Salvador de Brocá en su libro *Falange y filosofía,* Editorial Universitaria Europea, Salou, 1976.

explicada por Ridruejo en su libro ya citado *Escrito en España* [18].

El empleo, aunque sólo sea formal, por los falangistas de la palabra «revolución» basta para distinguirles de un movimiento —intelectual asimismo— que, después de un eclipse debido a su participación en el fallido «pronunciamiento» de Sanjurjo en el 32, vuelve a tener beligerancia a partir de mayo del 34. Nos referimos a *Acción Española*. Sin embargo, *Acción Española* y Falange no están separadas por compartimentos estancos. Aquélla publica textos de Sánchez Mazas, cuya ubicuidad es entonces obvia, de Eugenio Montes e incluso de Giménez Caballero, a pesar de su calidad de ex «enfant terrible» literario, mal visto en los medios tradicionales, lo cual atestigua una vez más lo indeciso de los lindes entre revistas y movimientos político-literarios del momento.

En cambio, es de notar que por parte de la CEDA y de los amigos de Angel Herrera y de Gil Robles no aparece la misma preocupación por intelectualizarse o por atraer intelectuales. La política pura queda en primer plano. Un propagandista como González Ruiz, próximo a Herrera, no tiene más remedio que escribir en *Acción Española*.

Cruz y Raya expresa sus reticencias, por no decir su hostilidad a Gil Robles y a sus amigos. Bergamín denuncia las confusiones político-fascistas del catolicismo austriaco, próximo, si no al propio Gil Robles, por lo menos a algunos de sus lugartenientes. Durante el verano de 1934, después de caer el poder entre las manos del enclenque gobierno radical de Samper, *Cruz y Raya* publica un texto de Ortega, fechado en 1920, que denuncia a «los viles y los necios» que hacen peligrar la cohesión del cuerpo social y abren el camino a cualquier eventualidad [19]. Esto da una clara muestra de lo conscientes que eran los redactores de la revista de los peligros que se avecinaban. Unos meses antes, en mayo de 1934, el secretario de redacción, Eugenio Imaz, había saludado el primer número de la revista *Leviatán*, considerando como positivo el deseo de clarificación doctrinal de sus animadores socialistas y el esfuerzo

---

[18] *Escrito en España*, p. 78.
[19] J. Bécarud, *op. cit.*, p. 48.

por abrir un camino nuevo distinto del reformismo y de la democracia parlamentaria; pero no por eso dejaba de señalar los riesgos que entrañaban unas posiciones ya abiertamente revolucionarias.

III. LA RADICALIZACION SOCIALISTA: «LEVIATAN». EL MEDIO INSTITUCIONALISTA: LA REVISTA «RESIDENCIA»

Como complemento, estudiaremos las principales corrientes intelectuales polarizadas en torno a los grupos y movimientos de izquierdas.

Ya en el verano del año 1933, las direcciones del PSOE y de la UGT empiezan la campaña de radicalización, tanto a nivel de masas (pensamos en el discurso de Largo Caballero en el cine Pardiñas) como a nivel de cuadros jóvenes, durante la Escuela Juvenil Socialista de Verano, en la cual el futuro «Lenin español» glosa «el fin del posibilismo socialista en la República» y la apertura de un período abiertamente revolucionario [20]. Semejante sesgo se explica evidentemente, entre otras razones, por el deseo de no distanciarse de una base cada vez más implicada en la intensificación de las luchas sociales de 1933, y también por el toque de alarma que representó el fracaso socialista en las elecciones municipales parciales de abril y en las elecciones al Tribunal de Garantías en septiembre.

La pérdida de la mayoría parlamentaria, consecuencia de las elecciones de noviembre del mismo año, no constituye, pues, para los socialistas una sorpresa total. Ya tienen en las manos una palanca ideológica potente, capaz de estimular y reagrupar a sus elementos más dinámicos: la idea de la lucha por la dictadura del proletariado. Pero dado que tal consigna se había quedado postergada, entre socialistas, durante los dos primeros años de la República, era necesario ahora intensificar la labor de formación ideológica en un sentido revolucionario. A ello se dedicaron una parte de los órganos del partido o de la central sindical, especialmente la revista de las Juventudes, *Renovación,* y,

[20] Marta Bizcarrondo, *Araquistáin y la crisis socialista en la II República. Leviatán (1934-1936),* Siglo XXI, Madrid, 1975, página 140.

7

a partir de su creación en mayo de 1934, la revista *Leviatán*, estudiada por Marta Bizcarrondo[21]. Curiosamente, los dos intelectuales socialistas de mayor envergadura del momento, Luis Araquistáin y Julián Besteiro, encabezaron las dos líneas ideológicas opuestas: Araquistáin teorizó e ilustró en *Leviatán* la postura «bolchevique», mientras que Besteiro, después de renunciar en enero del 34 a la presidencia de la UGT, sigue propugnando un socialismo moderado, aceptado por una parte de la burocracia sindical y por líderes como Trifón Gómez o Andrés Saborit.

El hecho de que en la mayoría de los movimientos políticos del momento —sean de izquierdas o de derechas—, desde las JAP hasta las JC[22], fuesen considerables las energías de los elementos jóvenes, y fundamental el papel que desempeñó su militancia, indica claramente que se estaba gestando un cambio radical de sociedad, que la juventud lo sintió y quiso participar en el parto, pensando que esta vez, con sangre y violencia, acaso vivirían el niño y la madre[23].

En el período que nos interesa, la revista *Leviatán* publica tres textos antológicos de Araquistáin[24], dos de ellos dedicados a un análisis de la evolución política de la República; textos que, en nuestra opinión, merecen parangonarse con el famoso análisis político que escribió Azaña nada más implantarse la dictadura de Primo de Rivera en España[25]. El tercer texto, titulado «La nueva etapa del socialismo», es un esfuerzo de clarificación ideológica destinado a recordar a los socialistas sus orígenes marxistas y a alentarles en la

[21] *Op. cit.*, especialmente a partir de la página 217.
[22] El anarcosindicalismo no escapaba al fenómeno: «La juventud íbamos ciegos», explicaba un anarcosindicalista de la provincia de Teruel al referir, en una conversación personal, el distanciamiento que se produjo en esos años de 1933 a 1936 entre la generación que había luchado desde principios de siglo y la que irrumpía entonces en la vida social y política, nacida poco antes de la primera guerra mundial.
[23] Ver en *Acotaciones de un oyente*, de W. Fernández Flórez, su crítica del decreto que prohibía la intervención de los menores de edad en las cuestiones de carácter social y político, titulada «La chiquillería en la política», fechada el 31 de agosto de 1934 y recogida en OC, Aguilar, IX, p. 746.
[24] Véase la hermosa *Antología* publicada en 1976 por la Editorial Turner con prólogo de Paul Preston.
[25] *La Dictadura en España*, OC, Editorial Oasis, México, 1966, 1, p. 541.

vía del socialismo revolucionario. También hay que resaltar que, en el mismo período, la revista publica un estudio de Ramos Oliveira sobre el régimen nazi[26], otro de Otto Bauer sobre la insurrección obrera en Austria y las notas del viaje a Rusia de Julián Zugazagoitia, encomiásticas para la revolución soviética[27], textos de gran calidad, aptos para desarrollar en los lectores la conciencia de que el fenómeno de radicalización de las luchas sociales es general en la Europa de esos años.

Era lógico que esta nueva línea revolucionaria socialista, propugnada por los líderes del movimiento, no fuese aceptada sin vacilaciones ni repugnancia por ciertos intelectuales, de los cuales es un buen ejemplo Fernando de los Ríos, quien, en enero de 1934, expresó ante Azaña su «crisis de conciencia»:

Su formación [dice Azaña] intelectual y moral, su actuación de profesor y de militante, sus miras sobre España, le habían encaminado siempre hacia otros métodos que los actualmente en boga dentro de su partido... No podía abandonar a su partido en tales momentos y con gran repugnancia le seguiría[28].

La nueva línea socialista asimismo debió de plantear problemas entre los intelectuales institucionistas que seguían ocupando cargos de funcionarios de alto nivel dentro del aparato del Estado, especialmente en los Ministerios de Justicia o de Instrucción Pública. Merced a los recientes trabajos de Antonio de las Heras, sabemos que, con gran despecho y recelo de las derechas, seguía, en 1934, el control de los hombres del primer bienio en ciertos puntos claves del Estado, como el Consejo Nacional de Cultura, creado en agosto del 32 y cuyos cargos duraban seis años, renovables cada tres años la mitad[29], la Junta de Enseñanza, las Inspec-

---

[26] *Antología*, Editorial Turner, Madrid, 1976, p. 37.

[27] *Leviatán*, núm. 3, julio de 1934, pp. 27-31. La figura de Zugazagoitia, como lo resalta Roberto Mesa en un reciente estudio (*Triunfo*, 12 de febrero de 1977), puede considerarse como el arquetipo del «intelectual de izquierdas de los años treinta», con sus «gafas de concha», su «corbata de pajarita», sus «labios irónicos» y «mirada penetrante».

[28] J. Arrarás, *Historia de la II República española*, Editora Nacional, Madrid, 1964, II, p. 300.

[29] Cita Antonio de las Heras los nombres de María Dolores Cebrián (esposa de Besteiro), Bolívar, José Xirau, Luis Bello,

ciones de Primera y Segunda Enseñanza, la Secretaría Técnica, la Junta de Relaciones Culturales [30]. Habría que añadir otros puntos de poder, como el Museo Pedagógico, la Universidad, etc. Es probable, pues, que estos intelectuales «emboscados» en el aparato del Estado sentirían un desvío frente a la radicalización socialista, ya que ellos seguían desempeñando el papel de llevar a cabo el Plan de Estudios proyectado en el primer bienio, con la ayuda innegable del ministro de Instrucción Pública de Samper, Villalobos, quien no sería desplazado hasta diciembre del 34. Sea lo que fuere, las tensiones debieron de ser fuertes en este grupo institucionista: una prueba de ello es la desaparición de la revista *Residencia* (fundada en 1926) en mayo de 1934, que en la República había pasado de un número anual a seis, pero que en 1934 no publica más que tres, y aun ésos raquíticos, habiendo eliminado las habituales secciones sobre mundo universitario, historia política, grandes acontecimientos, incluso literatura y ciencias, y quedándose sólo con las secciones de arte, fotos de España y actividades de la Residencia de Estudiantes. Otra consecuencia de las tensiones en el medio institucionista y entre los intelectuales de tradición liberal es la evolución de algunos de ellos hacia un mayor autoritarismo, que en el caso de Salvador de Madariaga, ministro con Lerroux en diciembre del 33, le lleva a construir un verdadero proyecto de democracia *orgánica* y *corporatista,* publicado poco después de la insurrección de octubre [31].

Luis Jiménez de Asúa, Sánchez Albornoz, Sáinz Ruiz, Andrés Ovejero en su artículo «La ILE y la II República», en *Boletín de la Asociación Europea de Profesores de Español,* año VIII, número 15, octubre de 1976, p. 79.

[30] A propósito de la Junta de Relaciones Culturales, cuenta Claudio Sánchez Albornoz en su *Anecdotario político* (Editorial Planeta, Barcelona, 2.ª ed., 1976, pp. 165-166) que, al desempeñar él el cargo de ministro de Estado (con Lerroux en su gabinete de septiembre de 1933), del cual dependía la junta, aunque con autonomía, solicitó de Américo Castro, quien «caciqueaba» en ella secundado por Lorenzo Luzuriaga, que incorporara en ella a Ramón Carande y a Galo Sánchez; al negarse Castro, tuvo que amenazarle con un decreto que suprimiría la autonomía de la junta y la sometería a la autoridad ministerial. La anécdota tiene el mérito de recordar, dado nuestro enfoque, que todos estos intelectuales seguían con cierto poder en estos organismos, aunque existieran tensiones entre ellos.

[31] *Anarquía o jerarquía,* Aguilar, Madrid, 2.ª ed., 1936.

Desde el mundo anarcosindicalista, las llamadas socialistas a la insurrección, que se multiplican desde el otoño de 1933, pueden aparecer como una plataforma demagógica, sobre todo después del movimiento revolucionario anarquista de diciembre del mismo año. Tal es la opinión de Isaac Puente, intelectual y médico anarquista radical, quien tuvo que pasar dos veces por el «tubo de la risa» (o sea sufrir apaleamientos y malos tratos entre dos filas de policías) por formar parte del comité revolucionario de Zaragoza de diciembre de 1933 [32]. En el mismo sentido se expresan Urales y Montseny en *El Luchador* o en la *Revista Blanca,* y Felipe Aláiz en la «*Soli*».

Pero a partir de diciembre de 1933, los socialistas tienen que aguantar también la represión gubernamental (que hacía uso de las leyes dictadas durante el bienio reformista, como la Ley de defensa de la República, la Ley de vagos y maleantes, la Ley de orden público), y este hecho hace más plausible un acercamiento entre la UGT y la CNT. La situación minoritaria de los confederales asturianos refuerza aún su tendencia favorable a la Alianza Obrera, defendida por el anarcosindicalista Orobón Fernández, especialmente en su trabajo de febrero de 1934, publicado en el diario madrileño *La Tierra* [33], y por el «viejo» militante Eleuterio Quintanilla, partidario del pacto UGT-CNT en marzo de 1934 [34].

También conviene resaltar, como lo hace Elorza [35], un acercamiento a la disidencia radical de Martínez Barrio, bajo la influencia de Santiago Cánovas Cervantes, director de *La Tierra,* que acoge una polémica en el periódico, en la que intervienen intelectuales como Ricardo Baroja o Mauro Bajatierra, y sindicalistas como Peiró y Pestaña.

---

[32] Ver su artículo «La represión en Zaragoza», citado por José Peirats en *La* CNT *en la revolución española,* Ruedo Ibérico, París, 1971, 1, pp. 78-80.

[33] Peirats, *op. cit.,* pp. 82-84.

[34] Ramón Alvarez, *Eleuterio Quintanilla. Vida y obra del maestro,* Editorial Mexicanos Unidos, México, 1973, p. 336.

[35] Antonio Elorza, *La utopía anarquista bajo la Segunda República española,* Editorial Ayuso, 1973, p. 234.

Entre las masas anarcosindicalistas no atraídas por el aliancismo se expresaba también una exigencia de radicalización y a ello respondieron desde diferentes sectores los «intelectuales» del movimiento libertario, desarrollando en una serie de trabajos teóricos el proyecto de construcción de la sociedad anarquista. Son apreciables en este aspecto los esfuerzos de Isaac Puente [36] en *Tierra y Libertad, Tiempos Nuevos* o *Solidaridad Obrera,* y los de la redacción de la *Revista Blanca* [37]. Se expresa en todos estos trabajos una desconfianza hacia el intelectual, considerado como un traidor de clase potencial, y se procura no sólo minimizar su papel en la futura sociedad libertaria, sino hacerlo desaparecer radicalmente suprimiendo la distinción entre trabajo manual e intelectual, fuente de la reestructuración de la dominación [38].

V. EL AMBITO COMUNISTA: FRENTE UNICO Y «ESCRITORES Y ARTISTAS REVOLUCIONARIOS». LA REVISTA «OCTUBRE»

Al examinar el grupo comunista, resulta patente un desfase, por una parte, entre los elementos activos de la base (en Sevilla o en Asturias, por ejemplo), que siguen la radicalización de los otros sectores socialistas o anarcosindicalistas, y los permanentes del partido, portavoces de las consignas terceristas de Frente Unico. Este corte lo expresa claramente José Antonio Balbontín (intelectual y poeta, además de diputado) al separarse del PCE en la primavera de 1934, por creer, como se lo explicaba Codovila, representante de la Tercera Internacional en España, que no había esperanza de que se autorizase desde Moscú una política de frente con socialistas y republicanos, cosa que resultó, a los pocos meses, errónea [39].

En el ámbito intelectual, las asociaciones de «Escri-

[36] Véase Isaac Puente, *Propaganda,* Editorial Tierra y Libertad, Barcelona, 1938.

[37] Véase el artículo de 28 de septiembre de 1934 «Necesidad previa de una estructuración orgánica social futura».

[38] Véase, de F. Urales, el artículo «La fuerza y la inteligencia en los ideales», en *Revista Blanca,* 28 de septiembre de 1934, página 164.

[39] *La España de mi experiencia,* Colección Aquelarre, México, 1952, p. 280.

tores y artistas revolucionarios» de tendencia procomunista o, a lo menos, prosoviética, van multiplicándose y animando a diversas revistas jóvenes, como *Letra, Frente Literario, Nuestro Cinema, Octubre,* más politizadas, más militantes que las del período anterior. Incluso unas revistas más culturalistas, como *Resol,* la *Hoja Literaria* o la propia *Gaceta de Arte de Tenerife,* participan de esta tendencia, considerada como un cavernicolismo de izquierdas por Unamuno [40] y alentada por Antonio Machado [41]. La más significativa de estas revistas acaso sea *Octubre,* fundada por Alberti y María Teresa León en junio de 1933, es decir, dos meses después de *Cruz y Raya.* Reúne un grupo de colaboradores escritores y artistas, entre quienes destacan Arconada [42], Pla y Beltrán [43], Arderius, Sender, y se declara partidaria del «arte de masas» y contraria a la «pobre tradición cultural de la pequeña burguesía». Los de la *Gaceta de Arte* se extrañan de ver colaborar en ella a Luis Cernuda, pero éste explica que es el odio a la sociedad actual lo que le lleva a apoyar una revolución capaz de destruirla. Esta revista se preocupa ante todo de dar a conocer una visión ideal del Estado soviético y de «popularizar» la cultura, como lo subraya Manuel Tuñón de Lara en su libro *Medio siglo de cultura española,* entroncando así con el esfuerzo de otros muchos intelectuales del momento [44].

A pesar de su aspecto «militante», cabe notar que las revistas del sector comunista difunden una propa-

[40] Véase el artículo de Unamuno «Realismo», de 25 de abril de 1934, en *El Adelanto,* de Salamanca, cit. por J. Bécarud en su libro *Miguel de Unamuno y la Segunda República, op. cit.,* página 41.
[41] Dice Machado en un artículo en *El Liberal* (17 de enero de 1934), titulado «Deberes del arte en el momento actual»: «Pasó el tiempo del solipcismo lírico en que sólo el poeta se escucha a sí mismo... Ya empieza a creer en la existencia de sus prójimos.» Véase también, en *Octubre* (IV, 4), su carta a Alberti «Sobre una lírica comunista, que pudiera venir de Rusia».
[42] Véase a este propósito el estudio de B. Magnien *La obra de César María de Arconada, de la deshumanización al compromiso,* y «La novela rural bajo la Segunda República», en Manuel Tuñón de Lara y otros, *Sociedad, política y cultura en la España de los siglos XIX y XX,* Madrid, 1973.
[43] Escritor a quien se debe un *Romance de Casas Viejas* y una tragedia en verso sobre el *Seisdedos.*
[44] Tecnos, Madrid, 1970, p. 257.

ganda y unas consignas que parecen más radicalizadas, más «revolucionarias» que la línea oficial del PCE de entonces, lo cual induce a pensar que no existía una relación organizativa muy estricta entre la burocracia del partido y su orla intelectual. Esta parece disfrutar así de cierta autonomía que le permite no quedar a la zaga de la radicalización general del momento, lo cual explica en parte el éxito de una revista como *Octubre*, que sucumbió en mayo de 1934, no por falta de lectores, ni mucho menos, sino, al parecer, por presiones fiscales del gobierno.

Para terminar, nos parece conveniente indicar tres cosas: primero, que existe en la intelectualidad de esos años una tendencia a la polarización política en cuatro direcciones principales. Los nostálgicos del Estado liberal, los partidarios de la ruptura de la legalidad republicana, sea hacia el fascio, sea hacia la revolución socialista, los que vacilan en busca de una cuarta vía tradicionalista y nacionalista, tendencias a las que hay que añadir la de los que, como Ramón Gómez de la Serna [45] y acaso una parte de los llamados «deshumanizados», quieren preservar, fuera de «intereses de grupos», ideologías y clases, un ambiente intelectual puro, «una rendija posible» (empleando la expresión de Ramón), aunque sea al precio de declararse partidarios del mantenimiento del orden social antiguo. Segundo, que, a pesar de esto, las delimitaciones entre grupos intelectuales son todavía borrosas en la medida en que muchos elementos intelectuales, por su posición profesional, siguen implicados en el funcionamiento normal de la sociedad liberal burguesa. En fin, que merecería un estudio aparte el caso de la intelectualidad catalana, que sigue un proceso distinto, puesto que la institucionalización de la cultura catalana, a través de la Universidad y de numerosas entidades culturales, constituye para ella una tarea que frenó en esos años la tendencia a la polarización política patente en el resto de España.

---

[45] *Automoribundia, 1888-1948*, Editorial Sudamericana, Buenos Aires, 1948, p. 568. En la misma obra, al referirse al año 1934, dice *Ramón*: «Nuestra revolución artística y literaria es tan incomprensible para los revolucionarios sociales, que bien podemos negarnos a comprender sus premisas simples y delezables.»

5. LOS INTELECTUALES ANTE LA REVOLUCION Y LA CONTRARREVOLUCION (1934-1936)

I. LA ENSEÑANZA DURANTE EL «BIENIO NEGRO»

Durante el bienio radical-cedista podemos resaltar unas medidas destinadas a destruir parte de la obra realizada durante los años 1931-1933. Hay que recordar, sobre todo, la supresión de la relativa autonomía del Cuerpo de Inspectores: se empieza por la supresión de la Junta Técnica de Inspección de Segunda Enseñanza el 18 de diciembre de 1934 [1]; en mayo de 1935, el ministerio quita a la Inspección Central de Primera Enseñanza la organización de concursos de inspectores centrales y profesores normales, devolviendo estas funciones al Consejo de Cultura; y en julio es la supresión definitiva de la ICPE, con el ministerio de Dualde Gómez [2]. Además, en noviembre de 1935 se acaba con la inamovilidad de los inspectores. Esta reforma está destinada a reducir la influencia socialista y comunista en la enseñanza, denunciada en la campaña de prensa de *ABC* del 11 al 18 de septiembre de 1935 [3].

Al mismo tiempo, siguiendo las exigencias de la CEDA, la cual se apoyaba en la encíclica de Pío XI (*Divini Illius Magistri*, 1929), Villalobos suprimió una de las conquistas de la República, la *educación mixta* (1 de agosto de 1934) y se obtuvo el retorno de nueve de aquellos profesores que habían sido separados de sus cátedras en el año 1932. Sin hablar del frenazo a las construcciones escolares y a la sustitución de la enseñanza religiosa.

Sin embargo, durante este período se llevaron a cabo algunas realizaciones nuevas, como la creación de la Junta Nacional de Educación Física (abril de 1935), en la que aparece Blas Cabrera, que vino a desarrollar la gimnasia y los deportes en la enseñanza, preocupa-

---

[1] Mariano Pérez Galán, *op. cit.,* p. 248.
[2] *Op. cit.,* p. 218.
[3] *Op. cit.,* p. 221.

ción constante de la Institución Libre de Enseñanza, y especialmente de Giner de los Ríos [4].

Además se empieza la reconstrucción de la Universidad de Oviedo, destruida por el fuego en octubre del 34. Para reunir fondos fue hecho un llamamiento por la Asociación de Antiguos Alumnos y Amigos de la Universidad de Oviedo y firmado por Menéndez Pidal, Melquíades Alvarez, Blas Cabrera, etc. Se aprueba el presupuesto de diciembre de 1934 [5].

Se sigue trabajando en la construcción de la Ciudad Universitaria de Madrid, empezada bajo la Dictadura (en la primera junta constructora aparecían, entre otros, Felipe Sánchez Román, José Castillejo, José Giral, Claudio Sánchez Albornoz, Gregorio Marañón, el doctor Pittaluga). Una parte de la Ciudad Universitaria se terminó en 1936 (la Facultad de Filosofía y Letras, Medicina, Farmacia, Escuela de Arquitectura, Residencia de Estudiantes, y, a punto de terminarse, el Hospital Clínico, la Facultad de Ciencias y la Escuela de Odontología. Además de toda la infraestructura de agua, gas, electricidad, material, carreteras y arbolado) [6].

Se terminan también las obras del Colegio Universitario español en la Ciudad Universitaria de París, o Colegio de España, cuya organización estaba a cargo de Alberto Jiménez Fraud, y que se inauguró el 10 de abril de 1935. A su inauguración fueron invitados Unamuno, Menéndez Pidal, Benavente, Ortega, Cabrera, Marañón, Asín Palacios, etc.

Como indicábamos en el capítulo 4, al hablar de los medios institucionistas, hay que recordar la obra del ministro Filiberto Villalobos, que lleva a buen término el Plan de Reforma del Bachillerato (26 de julio de 1934), el cual respetaba los grandes principios de la Institución Libre de Enseñanza: monopolio estatal, laicismo y acentuación de los estudios experimentales [7]. Bajo su segundo ministerio (de diciembre de 1935 a febrero de 1936) se crea el Instituto de Lenguas Clásicas, destinado a la formación posuniversitaria de los profesores [8].

[4] *Op. cit.*, p. 152.
[5] *Op. cit.*, p. 281.
[6] *Op. cit.*, p. 282.
[7] *Op. cit.*, pp. 238-248.
[8] *Op. cit.*, p. 280.

La enseñanza durante el gobierno
del Frente Popular

En cuanto a política educativa, el programa del Frente Popular no hace más que reafirmar el laicismo y la supremacía del Estado y, en su cuarto punto, dice que «se pondrán en ejecución los métodos necesarios para asegurar el acceso a la enseñanza media y superior a la juventud obrera», objetivo que, como subraya Mariano Pérez Galán [9], «se sabía más que improbable... en el contexto sociopolítico republicano».

Como primeras medidas, el nuevo Ministerio (Marcelino Domingo es sustituido a partir del 13 de mayo por Francisco Barnés) restablece, en marzo, la Inspección Central de Enseñanza Primaria (suprimida el 23 de julio de 1935, durante el bienio radical-cedista) y la inamovilidad de los cargos y destinos de los inspectores (suprimida igualmente el 27 de noviembre del 35).

Nada más instalarse el nuevo gobierno del Frente Popular, en febrero mismo, se decidía por decreto la creación de 5.300 escuelas nuevas, con las correspondientes plazas de maestros, la mitad aproximadamente de lo que quedaba por crear para realizar los planes de 1931 (ya se habían creado 16.409 de las 27.151 proyectadas) [10].

Otro punto muy importante es el restablecimiento de la educación mixta (coeducación), en abril de 1936. Pero quedaba en pie el problema de la sustitución de la enseñanza de las órdenes religiosas. La Junta de Sustitución, creada en junio de 1933, no había podido terminar su obra, ya que fue suprimida en julio de 1934: se vuelve a organizar en marzo del 36 [11], y en abril se conocen los nombres de sus miembros, entre los cuales aparecen Manuel Núñez de Arenas, Cándido Bolívar y Miguel Angel Catalán.

Pero, por lo que se nota en los debates parlamenrios del 3 y 4 de junio de 1936 [12] sobre el problema de la sustitución, la exasperación de las derechas (cuyos oradores más señalados en este debate fueron Pedro Sáinz Rodríguez, Jesús Pabón y José María Valiente,

[9] *Op. cit.,* p. 307.
[10] *Op. cit.,* p. 310.
[11] *Op. cit.,* p. 324.
[12] *Op. cit.,* pp. 316-324.

respectivamente del Bloque Nacional, de la CEDA y tradicionalista) llegó hasta hacer retirar sus diputados de la Cámara, salvo los oradores ya citados y la Lliga; por parte del gobierno, los oradores (Rodolfo Llopis y Francisco Barnés) llegaron también a decir cosas muy duras. Estaba claro que las derechas no podían aceptar el artículo 26 de la Constitución, y no parecía quedar, en junio de 1936, ni en el terreno parlamentario, ni, claro está al nivel de las relaciones sociales en el país, forma de llegar a un compromiso aceptable por ambas tendencias políticas.

La personalidad de Alejandro Casona

Casona, alumno de M. B. Cossío, estudiante de la Escuela Superior del Magisterio en 1922, inspector en 1926, nombrado en 1931 inspector de Primera Enseñanza en Madrid, fue un colaborador activo de las Misiones Pedagógicas desde su creación [13].

Después de las dos obras que ya le habían dado fama, *La sirena varada* (1933) y *Otra vez el diablo* (1935), el éxito alcanzado por su obra de teatro *Nuestra Natacha,* estrenada en Barcelona a finales del año 1935, y en Madrid el 6 de febrero de 1936, durante la campaña electoral, se explica si se tiene en cuenta que en la obra aparecen protagonizados todos los grandes problemas del momento, no sólo educativos, sino sociales y, por ende, políticos. Se enfrentan dos concepciones de la vida, la *tradicional,* que aparece como *reaccionaria,* frente a las aspiraciones de las muchachas y muchachos del centro de enseñanza que sale en la obra, y la *innovadora* y *progresista* puesta en práctica por Natacha y Lalo.

El discurso que pronunció Casona con ocasión del banquete homenaje que se le tributó el 26 de marzo de 1936, ante pedagogos, intelectuales, gente de teatro, etc., pone de relieve el hecho de que la cultura no debe significar «encierro», «ociosidad física», «aprendizaje libresco», sino que debe servir a los jóvenes maestros de España de «azada» para realizar el «her-

---

[13] *Op. cit.,* pp. 351-366.

moso milagro de convertir en flores el estiércol» [14]. Es indicativo el éxito de esta obra, con su temática tan real y expresiva de una utopía revolucionaria que animaba entonces a gran parte de la población, creciendo la fuerza de esta esperanza precisamente en función de la frustración que le era impuesta por el desarrollo político de la República.

II. EL CINE Y LA CENSURA REPUBLICANA

Todavía dentro del cine documental, conviene citar, para el año 1936, como lo hace Román Gubern [15], la película *Ciudad encantada*, de Antonio Román, con Cecilio Paniagua como operador y la colaboración de Carlos Serrano de Osma, película que fue parangonada, en el *Cinegramas* de 7 de junio de 1936, con el *Amanecer* de Murnau.

En otro sector menos intelectualizado, el del mundo anarquista, también existía un fuerte interés por el cine, como instrumento de propaganda social. Ya en octubre de 1934, Román Gubern anota la creación en Barcelona de la UCCE (Unión Cooperativista Cinematográfica Española), anunciada en la revista ya citada *Popular Film* [16]. La comisión organizadora reunía los nombres de Abad, Martínez Ruiz, el escritor Amichatis, Alemany, Martínez, Decal, Martínez de Ribera, Escofet, Moulián. Pero Gubern subraya que no llegó a prosperar este proyecto, y tampoco el proyecto de cine proletario expuesto en el último número de *Nuestro Cinema*, debido al estallido de la guerra civil.

Por su parte, José Peirats, en 1936, publicaría un folleto titulado *Para una nueva concepción del arte: lo que podría ser un cinema social* (en las Ediciones de la *Revista Blanca*), que es un síntoma de las preocupaciones del sector anarcosindicalista [17].

Aparte del auge del cine documental, propicio a la inserción de los intelectuales en los medios audiovisuales de masa, hay que señalar también el desarrollo de

---

[14] Cit. por M. Pérez Galán, *op. cit.*, p. 233, de la *Revista de Escuelas Normales*, abril de 1936, p. 122.
[15] *Op. cit.*, pp. 191 y 192.
[16] Román Gubern, *op. cit.*, p. 230.
[17] *Op. cit.*, p. 230.

los cineclubs, que vinieron a reforzar y completar la influencia de los ateneos libertarios y de las Casas del Pueblo, pues muchas veces se complementaban las sesiones de cine con charlas de algún escritor politizado: así, por ejemplo, el Studio Nuestro Cinema, llevado por Antonio del Amo, y donde hablaron Sender y Alberti; el Cine-Teatro-Club, vinculado a *Mundo Obrero* [18]; el Cine-Studio Popular de Valencia, ligado a la revista *Nueva Cultura,* de J. Renau; el del Sindicato de Banca y Bolsa de Madrid, o el del Socorro Rojo Internacional y el de Juventud Roja, de Madrid. La revista *Nuestro Cinema* tenía incluso el proyecto, que falló, de crear una Federación Española de Cineclubs Proletarios en 1933 [19].

Podemos recordar aquí que las películas soviéticas, calificadas por Mateo Santos en la revista *Popular Film* de «aleccionadoras» y «plenas de enseñanzas históricas y sugerencias sociales», fueron prohibidas por la censura republicana el 30 de abril de 1931 [20]. En 1933 protesta *Nuestro Cinema* contra la prohibición de proyectar *El acorazado Potemkin* ante un público formado por trabajadores del Sindicato del Puerto de Sevilla [21]. Sólo a partir de febrero de 1936, con el Frente Popular, se autorizaría el cine soviético.

Para terminar estas cortas indicaciones dedicadas al cine durante la Segunda República, nos parece interesante resaltar la severidad de la censura republicana, ya notable por su prohibición de las películas soviéticas. Esta severidad se extremó, naturalmente, durante el bienio conservador, y fueron memorables las prohibiciones de las películas de Buñuel y de Sternberg, respectivamente *L'âge d'or* y *Tu nombre es tentación* [*The devil is a woman*].

L'âge d'or de Buñuel tenía que proyectarse en el Ateneo de Santa Cruz de Tenerife con ocasión de la Exposición Surrealista celebrada en mayo de 1935, pero la prensa y las fuerzas de derecha hicieron tanta presión (mediando a su favor Gil Robles, entonces ministro de Guerra) que, hasta el triunfo del Frente Popular en 1936, no se pudo representar en sesión pública. Do-

[18] *Op. cit.,* pp. 211 ss.
[19] *Op. cit.,* p. 212.
[20] Cit. por R. Gubern, *op. cit.,* p. 225.
[21] *Op. cit.,* p. 225.

mingo Pérez Minik recuerda la intensa polémica que sostuvieron «las dos gacetas»: la *Gaceta de Tenerife* (por la derecha católica) y la *Gaceta de Arte,* de Tenerife (por los surrealistas y amigos de Buñuel[22]).

José María Gil Robles se hace, en 1935 también, el defensor del ejército y de la guardia civil, atacados, a su parecer, por la película de Josef von Sternberg, *Tu nombre es tentación,* y protagonizada por Marlene Dietrich. Cosa ahora difícilmente creíble: Gil Robles consiguió que la Paramount retirase las copias en circulación y quemase el negativo, amenazándola como represalia con prohibirle la explotación de películas en el territorio español[23]. Claro que sólo se quemó un doble del negativo y que la película ha seguido su carrera en el resto del mundo, pero, no obstante, la censura cinematográfica gubernamental española había conseguido otro triunfo. Román Gubern resalta con sobrada razón, en sus páginas finales, que «el área de lo decible en las pantallas para aquellos que veían en el cine un arma de lucha social o un simple instrumento del progreso histórico era muy parca»[24].

No cabe duda de que en la época republicana buena parte de los *intelectuales* se percataron de que a través del cine tenían un medio eficaz de acercarse a un público *popular* más amplio. Por eso, no solamente intentaron *crear* películas algunos de ellos, sino que muchos participaron también, en la prensa, en la crítica y el comentario cinematográfico. La censura gubernamental podía, con relativa facilidad, prohibir ciertas películas, pero le era casi imposible atajar la masa de artículos que aparecieron en la multitud de revistas y libros de cine publicados a partir de los años 1931-1932. Román Gubern cita una veintena de revistas[25] e insiste en el carácter más interesante de las dos que se han citado varias veces anteriormente: *Popular Film* (filoanarquista, que venía de la época del mudo) y *Nuestro Cinema* (tendencia PCE, primer número en junio de 1932). También alude[26] a un grupo que se funda el

[22] *Facción española surrealista de Tenerife,* cit. por R. Gubern, *op. cit.,* pp. 226-227.
[23] *Op. cit.,* pp. 228-229.
[24] *Op. cit.,* p. 229.
[25] *Op. cit.,* p. 200.
[26] *Op. cit.,* pp. 203-206.

26 de septiembre de 1933 en Madrid y que toma como nombre las siglas GECI (Grupo de Escritores Cinematográficos Independientes), en el cual destacamos los nombres de Rafael Gil, Benjamín Jarnés y Manuel Villegas López. El GECI animó treinta sesiones de un cineclub hasta 1936, de tendencia «arte puro»: «Nosotros no hemos criticado, ni criticaremos, un film por sus ideas», decía Manuel Villegas López. Los tres autores citados publicaron tres libros sobre cine, de los cuales se ha reeditado, en 1974, el de B. Jarnés, *Cita de ensueños,* en Ediciones Centro, por el interés que puede presentar como filiación estética de la «nouvelle vague» francesa [27].

En una dirección análoga a la que seguiría más tarde el GECI, un grupo de intelectuales en Barcelona, estimulados por Guillermo Díaz Plaja, «hacen entrar» el cine en la Universidad, organizando allí un ciclo de conferencias a principios de 1932, bajo la dirección del decano Pedro Bosch Gimpera. Román Gubern cita también la revista *Mirador,* de lengua catalana, con la sección dirigida por Sebastián Gasch.

Del lado fascista surgió, entre otros, un apasionado del cine: Ernesto Giménez Caballero, que intentó, claro está, utilizarlo también como arma de combate ideológico y social, estimando que le tocaba a España, país católico, sobresalir en este género y adelantarse a la Italia fascista [28].

III. INTELECTUALES CATÓLICOS Y REVOLUCIÓN DE OCTUBRE: EL GIRO DE «CRUZ Y RAYA».

Ya se sabe que los graves acontecimientos que tuvieron lugar en el mes de octubre de 1934 en Asturias y en Cataluña marcan un giro en la evolución de la República. Entre los hombres dedicados, por su profesión o por su talante, a la reflexión, lo que se llamó la revolución de Octubre tenía que representar un hito fundamental. Y esto es obvio en todos los sectores de opinión, tanto en la izquierda como en la derecha.

---

[27] *Op. cit.,* p. 205.
[28] E. Giménez Caballero, *Arte y Estado,* cit. por R. Gubern, *op. cit.,* p. 208.

Pero acaso sea conveniente darle un puesto aparte a un intelectual que tuvo la posibilidad de conocer directamente el movimiento revolucionario en Asturias, lo que da un interés particular a su reacción. Por otra parte, su testimonio, que apareció primero en la revista católica francesa *La Vie Intellectuelle,* recogido luego en un libro publicado en París tres años más tarde [29], perece seguir siendo poco conocido en España, a pesar de las alusiones que le dedicó Bergamín en *Cruz y Raya.* Este intelectual es Alfredo Mendizábal, profesor de Filosofía del Derecho en la Universidad de Oviedo, jurista internacional de primera fila y católico de la tendencia Maritain. Mendizábal se había opuesto vigorosamente a las teorías fascistizantes de un Giménez Caballero, al tiempo que defendía, en *Cruz y Raya* (como lo indicábamos en otro capítulo), la causa de un catolicismo auténtico e intenso, pero apartado de todo compromiso político.

Esta militancia católica le aleja, al mismo tiempo, de la izquierda republicana, cuyo anticlericalismo no puede por menos de disgustarle. Al encontrarse en Oviedo cuando fue conquistada la ciudad por los insurrectos, Mendizábal vivió durante nueve días con otras quince personas en una casa abandonada, bajo la custodia de unos mineros armados:

Durante varios días —escribe en su testimonio— estuvimos entre sus manos. Podían hacer de nosotros cualquier cosa, incluso matarnos, ya que era lícito que nos considerasen como enemigos, al ser nosotros para ellos unos *burgueses.*

Sin embargo, no ocurrió nada de eso, al contrario, y Mendizábal elogia la «nobleza» y la «actitud caballeresca» de estos «soldados de la revolución social» [30].

El mero hecho de tratarles con dulzura y simpatía revela en ellos unos sentimientos tan profundamente humanos, tan fraternalmente cristianos (inconscientemente cristianos, aun cuando pensaban oponerse a ello), que de estos dos grupos de *burgueses* y de comunistas que convivían no tardó en nacer una comunidad, o mejor aún, una hermandad [31].

---

[29] Alfredo Mendizábal, *Aux origines d'une tragédie,* Desclées de Brouver, París, 1937.
[30] *Op. cit.,* p. 207.
[31] *Op. cit.,* p. 208.

Mendizábal se dirige con estos términos a sus «ca-maradas» mineros:

Sabed que en otro campo, tan diferente como alejado del vues-tro, existen hombres que niegan también el capitalismo y su materialismo injusto y que rechazan asimismo, y por idénticas razones, la violencia de la revolución y el materialismo radical del marxismo [32].

Consecuente con sus ideas, sin negar los excesos co-metidos por la insurrección, tomó una posición muy firme contra la represión que la siguió.

Aunque alejado de los lugares donde se desarrolló la revolución, José Bergamín también se hizo eco de ella, y su reacción, a pesar de ser menos directa que la de Mendizábal, merece subrayarse. Ya desde octu-bre de 1934, Bergamín se esfuerza por sacar conclu-siones de la tragedia que acaba de desarrollarse. Critica el espíritu de «partido», acusando a la «derecha y la izquierda del partidismo»:

El aventurerismo demagógico de izquierda tuvo su consecuen-cia y corroboración en el otro, el de la derecha, que hoy es el causante inmediato, como el mediato lo fue aquél, de un estado de cosas que dicen revolucionario y que, por lo menos, es re-vuelto [...] Por unos y por otros [el pueblo] es víctima siem-pre de sus vivas, humanas, aspiraciones de justicia [33].

El mes siguiente, en un segundo texto, Bergamín afirma netamente su negación a unirse a las filas de los partidarios de la represión, los cuales lo son tam-bién, en su opinión, de una vuelta a un sistema polí-tico que ha dado pruebas de su nocividad. Pero sigue asestando severas críticas a cada uno de los dos cam-pos; para él, no son el marxismo y el antimarxismo los que están luchando. El antagonismo español no se pue-de reducir a «ese ilusorio espejo racional histórico del llamado marxismo» [34]. Cada uno de los adversarios par-ticipa de un sustrato anarquista:

El mismo fantasma bakuniniano lucha con antifaz de Estado y aun máscara de revolución. Pelea contra sí mismo. O contra su

---

[32] *Op. cit.*, pp. 208-209.
[33] Jean Bécarud, *op. cit.*, p. 51.
[34] *Op. cit.*, p. 52.

sombra. La de un Estado en crisis racional de ser; un Estado fantasma [35].

En diciembre, *Cruz y Raya* publica un texto de Sánchez Mazas que, sin aludir directamente a los recientes acontecimientos, es una crítica virulenta de la CEDA, cuyos representantes están, como lo sabemos, en el gobierno. El oportunismo de los amigos de Gil Robles se denuncian con violencia; en nombre de un sedicente buen sentido, a los *cedistas* se les acusa de orientarse constantemente «contra la santidad, contra el heroísmo y contra la sencillez» [36]. Este artículo confirma con claridad el rechazo por parte de los intelectuales falangistas de la concepción que tiene la CEDA de la política, posición que adopta también el conjunto de los redactores de *Cruz y Raya.* Pero hay que subrayar que es la última vez que Sánchez Mazas, el más importante de los intelectuales falangistas de *Cruz y Raya,* escribe en la revista de José Bergamín. A partir de 1935, y es una tendencia característica del período posterior a la revolución de Asturias, las tensiones van haciéndose demasiado fuertes en el seno de la redacción para que sigan expresándose allí tendencias divergentes. Los colaboradores de *Cruz y Raya* que se sitúan más a la derecha van abandonando poco a poco la revista: la operación se realiza con discreción, simplemente se constata la desaparición de ciertos nombres en la lista de los redactores habituales de la revista, impresa en cada número hasta entonces, así como la de un cierto número de firmas.

Esta ruptura se comprende perfectamente, pues por muy matizadas que resulten las reacciones de un Mendizábal o de un Bergamín, son, de hecho, excepcionales y minoritarias en el sector intelectual de matiz católico. Estas reacciones testimonian un corrimiento hacia la izquierda de *Cruz y Raya,* proceso que irá acentuándose paulatinamente, mientras que, en el seno de la derecha católica y conservadora, la revolución de Octubre provoca tomas de posición diametralmente opuestas.

---

[35] *Op. cit.,* pp. 52-53.
[36] *Op. cit.,* p. 36.

IV. ENDURECIMIENTO Y DESENGAÑO EN EL FASCISMO
INTELECTUAL: LEDESMA RAMOS Y JOSE ANTONIO
PRIMO DE RIVERA

El espíritu de combate, el rechazo del compromiso, de la comprensión o del perdón están por todas partes. Un artículo de Ramiro de Maeztu titulado «Toda España es Asturias» es representativo de tal estado de ánimo [37]: es una verdadera llamada a la lucha antirrevolucionaria, dirigida a todas las categorías de la burguesía.

Por parte de los grupos fascistas, el año 1935 empieza con una crisis. Ledesma Ramos abandona la Falange, al mismo tiempo que otro fundador del movimiento: Onésimo Redondo. El caso de Ledesma Ramos, cuya incompatibilidad temperamental con José Antonio Primo de Rivera va acentuándose, merece citarse como ejemplo. Si, por una parte, puede afirmarse que va perdiendo importancia su papel en la política activa, en cambio su vigor doctrinal se robustece con la publicación, en 1935, de dos obras: *Discurso a las Juventudes de España* y *¿Fascismo en España?* Lejos de testimoniar una evolución de su autor, estos dos libros tienen el interés de sistematizar el fascismo español con mayor rigor. En el *Discurso,* yendo a contracorriente de muchas ideas tópicas, Ledesma Ramos demuestra un realismo completo, frente a la acostumbrada exageración de las virtualidades de la economía española. Por otro lado, deja entrever que la empresa de regeneración nacional que él ambiciona y la tradición católica española distan mucho de poder coincidir, y que, en todo caso, la primera tiene que prevalecer frente a la segunda. Reconoce también que la revolución rusa presenta un indiscutible carácter nacional, que coexiste con la propagación de la subversión internacional. Lo cual no le impide, en *¿Fascismo en España?*, reafirmar su completa oposición al marxismo. Entre este último y el fascismo la lucha tiene que ser despiadada y será el empleo de la fuerza lo que permitirá la victoria de uno de los contrincantes. Ledesma ataca con violencia a las dos potencias «liberales», Francia e Inglaterra, frente a Alemania e Italia. Está tambaleándose la supremacía de las potencias liberales,

---

[37] Publicado en el *ABC* del 25 de octubre de 1934.

lo cual puede dar la ocasión a una España regenerada y que sepa elegir su campo de recobrar su papel internacional. Sueño que desemboca acaso sobre una voluntad de Imperio, pero no puede uno por menos de reconocer la coherencia del pensamiento de Ledesma Ramos, quien tiene el mérito, al menos, de rezonar a partir de un análisis de la situación internacional, tal como se presenta en 1935, en vez de limitarse, como los teóricos de *Acción Española*, a una irrealista reactualización del Siglo de Oro.

Pero una vez aplacados los remolinos de la revolución de Octubre, la gestión de los ministerios *cedistas* durante el curso del año 1935 resulta de lo más prosaica. No sin razón, ya en enero de 1935, cita *Cruz y Raya* una frase del filósofo francés Henri Poincaré:

Los partidos olvidan las grandes ideas con que honrarse y que eran su razón de ser para no acordarse más que de sus odios [38].

En los meses siguientes, la revista de José Bergamín dedica relativamente poco espacio a la vida política propiamente dicha. La interesante controversia que se establece entre el director de *Cruz y Raya* y el escritor socialista Arturo Serrano Plaja, colaborador de *Leviatán*, se sitúa a otro nivel, ya que el cortés enfrentamiento entre ambos hombres trata de las relaciones entre cristianismo y marxismo, problema que Bergamín, por cierto, aborda como francotirador y con gran audacia [39].

Por parte de los falangistas —y acaso particularmente del propio José Antonio Primo de Rivera— hay que señalar, en el curso de este año de 1935, el mismo relativo desengaño. El testimonio de un hombre como Dionisio Ridruejo atestigua esta tendencia. Durante el verano de 1935, en Segovia, tiene la ocasión Ridruejo de encontrarse personalmente con el jefe de la Falange, a quien, hasta entonces, sólo había visto en unos mítines, y queda impresionado por el «aburrimiento y el desánimo» de José Antonio [40]. Y es que, según nos explica Ridruejo, la derecha, bien instalada en el poder,

[38] J. Bécarud, *op cit.*, p. 53.
[39] El debate entre Bergamín y Serrano Plaja se puede estudiar en los textos presentados en el apéndice documental.
[40] Dionisio Ridruejo, *Casi unas memorias*, Editorial Planeta, Barcelona, 1976, p. 53.

gobierna con una notoria ausencia de amplitud de miras, quitándole a las minorías extremas toda verdadera perspectiva de acción. Por eso se abandona José Antonio a su tendencia natural por lo literario; con Agustín de Foxá, falangista y escritor, quien le acompaña entonces, son la poesía y la literatura las que forman el tema de su conversación, de alto nivel por cierto, como lo hace constar Ridruejo. Este anota incluso que, al aparecer en la charla el nombre de Giménez Caballero, José Antonio califica *Genio de España,* breviario del fascismo, de obra que peca de excesiva sencillez en su argumentación [41].

Queda patente, en definitiva, a través de este testimonio, el prestigio de José Antonio Primo de Rivera para unos jóvenes intelectuales de cierto origen social y con un cierto tipo de formación, de los cuales Ridruejo es un prototipo. El caso de Ridruejo merece analizarse más detenidamente, pues es simbólico de un *medio* y de una generación. Como ya se sabe, Ridruejo ha realizado él mismo este análisis de su itinerario intelectual y político con una lucidez singular. En *Escrito en España,* son un modelo de clarividencia las páginas en las que describe, casi unos treinta años más tarde, la evolución que le llevó a adherirse a la Falange, adquiriendo el comentario del caso personal el valor de una interpretación sociológica. Lo que hace revivir Ridruejo en su testimonio es el comportamiento de todo un sector de la pequeña y media burguesía de origen católico, pero reticente frente al catolicismo político militante, ávida de entusiasmos pero que no encuentra respuesta válida en las posiciones doctrinales de la izquierda burguesa, vagamente deseosa de reformas sociales, a la par que temerosa ante la revolución proletaria [42].

Es evidente la seducción personal que ejerce José Antonio Primo de Rivera sobre Ridruejo, siendo su espíritu abierto una baza importante del jefe falangista. Al lado de José Antonio, Ridruejo destaca el caso muy particular de otro falangista que merece plenamente la calificación de *intelectual,* Rafael Sánchez Mazas. Pero para Ridruejo, Rafael Sánchez Mazas está muy alejado

---

[41] *Op. cit.,* pp. 53-54.
[42] D. Ridruejo, *Escrito en España, op. cit.,* pp. 11-13. Véase apéndice documental.

del verbalismo revolucionario de ciertos falangistas. Es, en su opinión, un nacionalista del estilo de Maurras, pero no deja de tener cierta importancia su papel con respecto a José Antonio. Sánchez Mazas, escritor de talento, con el sentido de la fórmula tajante, está poco dotado para la acción, y no parece comulgar con ese culto de la violencia por la violencia que impregna a una parte de los amigos de José Antonio. Ayuda a este último a resistir, con más o menos eficacia, las presiones que sufre en este dominio. No es de extrañar que en *Arriba*, el semanario falangista cuyo primer número sale a luz en marzo de 1935, se encargue Sánchez Mazas de una sección fija que lleva el característico título de «consignas de norma y estilo». No sin malicia, ha anotado José Carlos Mainer los vocablos que empieza *Arriba* a emplear con predilección y que llegarán a ser la base de una retórica destinada a hacer fortuna: «la intemperie», «lo exacto», «máximo» o «inexorable», la «milicia» y «lo imperial», la «impasibilidad», la «claridad» y el «heroísmo», frente a «lo bárbaro», lo «turbio», «lo chillón» y «lo estéril» [43]. Verdaderamente, no carecían de fundamento las frecuentes críticas que —según vimos— dirigía Ledesma Ramos al aspecto de «hombre de letras» del hijo de un dictador cuyo desinterés por lo literario fue, por el contrario, notorio. Ridruejo, por su parte, anota, a propósito de José Antonio Primo de Rivera: «La literatura es para él algo más que un *hobby*» [44]. Se puede opinar, con perfecto derecho, que el jefe falangista se encontraba como un pez en el agua en las tertulias de la Ballena Alegre y en las cenas de Carlomagno, o en el Hotel de París con sus amigos Pedro Mourlane, Jacinto Miquelarena y Sánchez Mazas, «rigurosamente vestidos de etiqueta» [45]. Conversaba sobre cultura e historia, a unos pasos de la Puerta del Sol, de sus vulgaridades populares y de sus peleas agrias. Eugenio Montes, corresponsal de *ABC* en Italia y Alemania, se reunía con el grupo cuando recaía por Madrid y traía allí su nota personal de retórica «grecolatina» y «renacentista». Es uno de esos falangistas limítrofes entre política y literatura cuya

[43] J. C. Mainer, *Falange y literatura*, Editorial Labor, Barcelona, 1971, p. 31.
[44] D. Ridruejo, *Casi unas memorias, op. cit.*, p. 60.
[45] J. C. Mainer, *op. cit.*, p. 33.

113

audiencia entre los jóvenes de su generación pone de relieve Ridruejo.

De todas formas, sería excesivo presentar bajo un aspecto idílico a los jóvenes militantes de la Falange. Los estudiantes del SEU son turbulentos, siempre dispuestos a propinar palizas, y es que, como anota Mainer, entre las izquierdas representadas por la FUE y los grupos católicos, el SEU tiene que conquistarse un puesto. Y para afirmar su combatividad frente a una derecha demasiado blanda, los universitarios falangistas no vacilan en emplear la violencia contra sus adversarios socialistas, y también *cedistas:* así es como, a principios de 1935, ocupan y saquean los locales de los estudiantes católicos de Madrid. Pronto el SEU posee su propia revista, *Haz,* cuyo primer número sale en marzo de 1935. En ella se puede seguir la actualidad literaria y teatral: uno de los futuros escritores fascistas españoles más característicos, Rafael García Serrano, debuta allí. En cuanto a José Antonio Primo de Rivera, no vacila en confiar a *Haz* su célebre artículo «Homenaje y reproche a José Ortega y Gasset», del cual se enorgullece especialmente. Un detalle significativo: la publicación de este texto casi coincide con la del libro de Ledesma Ramos *¿Fascismo en España?,* en el cual el autor, casi aislado políticamente, antes de presentar una rigurosa síntesis de su doctrina, va describiendo la historia de las tentativas fascistas españolas, anotando, por lo que se refiere a Falange:

Le acechan mil peligros, entre ellos el de caer en una organización de carácter sectarista, en una capilla político-literaria a base de escritores epicénicos y pedantesco protocolo [46].

V. LAS TENTATIVAS INTELECTUALES DE LA CEDA

Por otro lado, en el sector de la CEDA empiezan, a partir de 1935, a darse cuenta con mayor claridad de la necesidad de proveerse de un armazón ideológico más sólido. El dinamismo intelectual de los grupos de izquierda, el esfuerzo doctrinal de los falangistas, lo mismo que el de *Acción Española,* anima a un cierto número de católicos próximos a Angel Herrera a arries-

---

[46] R. Ledesma Ramos, *¿Fascismo en España?, op. cit.,* p. 204.

garse en el terreno del combate ideológico. Su ambición parece ser la de crear, al lado de la CEDA, un órgano que desempeñe un papel análogo al de *Acción Española* para la derecha monárquica. Se funda una revista que se llama primero *Santo y Seña* y luego *Revista de Estudios Hispánicos*. Anota acertadamente Javier Tusell que sus animadores quisieran transformarla en una publicación que, alejándose tanto del tono violento de *Acción Española* como del intelectualismo excesivo de las *greguerías filosóficas* de Bergamín [47], se dedicaría a una «labor de reconquista espiritual» [48]. Tal es la expresión que emplea el manifiesto inicial, que guarda un tono muy conservador, evocando el patronazgo de Menéndez Pelayo, y que se inspira en un tradicionalismo muy moderado que combina la restauración de los valores de la España de antaño y de siempre con una prudente aspiración a un catolicismo social inspirado en Severino Aznar y en su escuela. La *Revista de Estudios Hispánicos,* con contribuciones del marqués de Lozoya, de Ibáñez Martín, de Jesús Pabón, de Fray Pérez de Urbel, de Gil Robles e incluso de Eugenio d'Ors, publicará unos cuantos números, pero sin que su influencia rebase, al parecer, los medios *cedistas.*

De hecho, acaso sea en otro sector político-intelectual donde se puede rastrear el aporte original de la CEDA. Los amigos de Angel Herrera, con su sentido de la organización, son los únicos que han pensado en la formación de los futuros periodistas. Y la Escuela de periodismo de *El Debate,* en Madrid, resulta única en su género durante la República. Una vez más nos aporta una valiosa información el testimonio de Dionisio Ridruejo, puesto que estudió en esta Escuela durante los años 1935-1936 [49]. La presencia del propio Ridruejo, conocido falangista, denota que no se practicaba allí un estrecho exclusivismo político. Al lado de Ridruejo se encontraban, en efecto, unos monárquicos convictos y confesos. Entre los profesores había periodistas profesionales, como Vicente Gallego, y unos hombres que tendrán más tarde un papel político, sea directo como el futuro ministro de Franco, Larraz, sea oculto como

---

[47] Javier Tusell, *Historia de la Democracia Cristiana en España,* Cuadernos para el Diálogo, Madrid, 1974, 1, p. 204.
[48] *Ibid.*
[49] D. Ridruejo, *Casi unas memorias, op. cit.,* pp. 38-42.

la eminencia gris de Acción Católica, Martín Sánchez. Evidentemente, a estos diferentes personajes, muy competentes en sendos dominios, no se les podía reprochar un exceso de originalidad en las ideas: pero al menos unos cuantos estaban persuadidos, según Ridruejo, de que hacía falta hacer «algo» en el campo de la creación intelectual. Así es como nació en uno de ellos, Ortiz Muñoz, el proyecto de confiar al joven y brillante Ridruejo —a pesar de su heterodoxia política— la organización de una página literaria en *El Debate.* «El periódico —escribe Ridruejo— le parecía técnico y aburrido —lo era— y había convencido a Herrera que había que animarlo con aportación de temas literarios y de gentes nuevas y jóvenes» [50]. Pero las perturbaciones provocadas por los resultados de las elecciones de febrero de 1936 frustraron esta tentativa.

El hecho de que los católicos de la tendencia de Herrera hayan sentido la necesidad de darse un aspecto menos utilitario y de conceder más importancia a los temas intelectuales es corroborado por el testimonio de un contemporáneo de Ridruejo, quien conoció una evolución paralela. Se trata de Pedro Laín Entralgo, cuyo *Descargo de conciencia* representa otro testimonio revelador. Oriundo de la burguesía provinciana —nació en Aragón en 1908—, Pedro Laín es, en los años 1934-1936, un joven médico en Valencia. Lejos de limitarse a su especialidad, es un espíritu abierto, ávido de cultura, marcado conjuntamente por sus curiosidades científicas y sus convicciones católicas. Mientras que su hermano, estudiante de Derecho en Madrid, ha tomado su decisión y se ha alistado en el PSOE, deseoso de luchar activamente contra las desigualdades sociales, Pedro Laín, afectivamente poco republicano, se sitúa más bien en el ámbito de *Cruz y Raya,* y le seducen las posiciones de un Alfredo Mendizábal, por ejemplo. En cambio, enjuicia con severidad a la CEDA:

Siempre me parecía excesivamente conservadora su política social, excesivamente tradicional, *derechista* su posición religiosa, excesivamente tosca y pobre su visión del problema intelectual de España y de la inteligencia en general [51].

---

[50] *Op. cit.,* p. 42.
[51] Pedro Laín Entralgo, *Descargo de conciencia, op. cit.,* página 141.

116

En 1934 le parecía posible un acuerdo entre ciertos sectores del catolicismo y de los socialistas, de tal modo que el comportamiento de estos últimos cuando la revolución de Octubre y su decisión de recurrir a la fuerza le consternaron tanto más cuanto que su propio hermano, comprometido en la sublevación, tuvo que salir clandestinamente de España. Todavía no es hacia la Falange hacia donde le orientan sus desilusiones. Laín escribe:

La verdad es que yo sabía muy poco de ella. La veía como una versión española del fascismo italiano y el nacionalismo alemán, y aunque la figura de José Antonio Primo de Rivera me fuese, por lo oído, más bien simpática, la organización militar de su movimiento y su proclamación de la violencia como instrumento de acción política no me atraían de manera especial [52].

Participa en una empresa menos directamente política: la fundación, con otros antiguos alumnos del Colegio Mayor Juan de Ribera, de Burjasot, cerca de Valencia —curioso semillero intelectual cuyo papel no es de desdeñar en los orígenes del Opus Dei—, del periódico *Norma,* revista de exaltación universitaria. Aparecieron dos números de esta publicación: en éstos se notaba un interés por los temas culturales más variados, pero con una orientación derechista bastante neta, lo cual no tiene nada de extraño al conocer ciertos nombres de colaboradores de la revista: J. Corts Grau, R. Calvo Serer, López Ibor, etc.

La indeterminación política de un Laín, sus reticencias con respecto al régimen republicano tal como funcionaba desde 1931 y con respecto a la CEDA, integrada en este régimen, parecen típicas de un sector de la joven burguesía provinciana en un período de búsqueda intelectual y política.

VI. LOS INTELECTUALES DE DERECHAS Y EL FRENTE POPULAR

La constitución del Frente Popular, la disolución de las Cortes y la campaña electoral para el escrutinio de febrero de 1936, considerado como decisivo, no podían dejar a los intelectuales indiferentes.

[52] *Op. cit.,* p. 180.

Ya se sabe que la Falange no se unió al bloque de las derechas. Ernesto Giménez Caballero, uno de los hombres de letras próximo al grupo falangista, actuó en solitario y figuró, sin ser elegido, en la lista de coalición conducida por Gil Robles en Madrid, actitud que irritó violentamente a José Antonio Primo de Rivera.

La victoria de las fuerzas de izquierdas provocó una serie de reacciones en el campo adverso, e incluso, durante un breve instante, un prejuicio favorable de José Antonio Primo de Rivera por Azaña, considerado como el instrumento de una posible regeneración nacional por encima de los partidos. Durante el agitado período que empieza entonces es interesante notar que cunden la alarma y la inquietud en la mente de un hombre como Laín Entralgo, por ejemplo, pero que la posibilidad de una sublevación apenas se evoca. En mayo de 1936 Laín se interesa sobre todo por la regeneración social y política del catolicismo español, y por la fundación de un semanario político-religioso muy abierto que fuera de Unamuno a Ortega, pasando por Eugenio Montes [53]. Laín entrará en la Falange después de la sublevación, en agosto de 1936.

En cuanto a Ridruejo, no deja de subrayar que, entre los alumnos de la Escuela de periodismo, los *cedistas* de observancia estricta, cuya táctica electoral ha fracasado, pierden terreno en beneficio de los extremistas partidarios de soluciones más radicales, falangistas incluidos. Pero anota también que entre los intelectuales de la Falange no se registra ninguna obsesión respecto al drama que se está preparando, a pesar de que circulasen rumores vagos de conspiración. Al encontrarse entonces con Eugenio Montes, Ridruejo constata que este último le cuenta cómo puso en contacto a José Antonio Primo de Rivera con el ex presidente del Consejo Portela Valladares, pero que la conversación deriva en seguida hacia otros temas:

En definitiva, Montes había hablado de política media hora y de literatura y literatos el resto de la noche [54].

---

[53] *Op. cit.*, p. 146.
[54] D. Ridruejo, *op. cit.*, p. 44.

Dado el estado actual de nuestros conocimientos de este período, parece lícito pensar que el sector intelectual en el que la conspiración antirrepublicana toma cuerpo directamente es inequívocamente el de *Acción Española.* Ya desde fines de 1933, un canónigo de Salamanca, Aniceto Castro Albarrán, había publicado allí un ensayo titulado *El derecho de la rebeldía,* formulando la justificación teológica de una sublevación contra un poder considerado como injusto y opresor. Al mismo tiempo, la influencia de los *maurrasianos* del grupo, particularmente de Calvo Sotelo, contribuía a familiarizar al lector con algunas ideas y fórmulas del doctrinario de la *Action Française* sobre este particular; y este último, no lo olvidemos, había elaborado una teoría del golpe de Estado y solía afirmar que los objetivos del nacionalismo integral tenían que alcanzarse por «todos los medios, incluso legales». No es, pues, de extrañar que *Acción Española* desempeñara el papel de lugar geométrico, de «nido» —como escribe precisamente Ricardo de la Cierva [55]— donde se teje la trama de las diferentes conspiraciones antirrepublicanas que se están urdiendo. Esto permite a los animadores intelectuales del movimiento fingir trabajar con serenidad, con vistas al porvenir, sin preocuparse, al parecer, de las nubes que se amontonan en el cielo. Por eso, un simpatizante de *Acción Española,* como Santiago Galindo Herrero, puede escribir lo siguiente:

Lo que maravillaba era la serenidad de Acción Española, que, firme en su propósito, continuaba la ruta que se había trazado sin ninguna desviación. Estaba creando una doctrina y sabía que, en definitiva, esto era lo importante [56].

Y cabe señalar aquí que muchos puntos de esta doctrina de *Acción Española* iban a constituir, por lo menos en igualdad con las teorías fascistas de los falangistas, uno de los componentes esenciales de la ideología impuesta durante treinta años por los vencedores de la guerra civil.

---

[55] R. de la Cierva, *op. cit.,* p. 738.
[56] Santiago Galindo Herrero, *op. cit.,* p. 308.

VII. LAS LECCIONES DE LA REVOLUCION DE OCTUBRE
Y LA DENUNCIA DEL REFORMISMO INTELECTUAL:
«LEVIATAN», 1935-1936

Aunque redactado a fines de octubre de 1934, el artículo de Araquistáin titulado «La revolución de Octubre en España» (publicado en la trimestral *Foreign Affairs* de Nueva York) no aparecerá en *Leviatán* hasta el número 21, en febrero de 1936. Antes de pasar a analizar brevemente esta visión de la sublevación proletaria asturiana, evocaremos —utilizando otra vez el estudio ya citado de Marta Bizcarrondo— otras direcciones de la actividad crítica de *Leviatán* después de octubre del 34.

Primero conviene resaltar, como lo hace M. Bizcarrondo [57], el ataque de Luis Araquistáin a José Ortega y Gasset, artículo titulado «Ortega y Gasset: profeta del fracaso de las masas» (I y II) [58]; en el fondo, Araquistáin rebate en este trabajo la argumentación de Ortega en el prólogo a la cuarta edición de su *España invertebrada,* en el que ataca a los intelectuales que se refugian en los partidos obreros conforme pierden pie en el terreno cultural. Como respuesta, Araquistáin llama «filósofo de salón» a Ortega y echa mano del recurso facilón de tacharle de pequeñoburgués con complejo de inferioridad.

En el mismo marco de la crítica al reformismo liberal de los intelectuales se puede colocar la crítica a Benjamín Jarnés en la sección «La torre de marfil», firmada *A. C.* («sin duda Alfredo Cabello, joven escritor sobre todo de temas de cine, fusilado luego a comienzos de los años cuarenta», dice Jorge Campos en su artículo *«Leviatán* y la literatura», de *Insula* [59]). A Benjamín Jarnés, el más célebre de los «deshumanizados», *A. C.* le acusa de dedicarse a un «intrascendente juego artístico», dirigido a una minoría, y Jorge Campos comenta esta crítica diciendo que el criterio que la anima es el deseo de una «literatura que adopte un partido, el de la realidad social, o el de la clase

[57] *Op. cit.,* pp. 312-315.
[58] *Leviatán,* núm. 8, diciembre de 1934, y núm. 9, enero de 1935.
[59] Número 367, p. 11, columna 2.

trabajadora, en dos modos de expresar lo mismo» [60].
Y como postura antagónica a la de Jarnés, cita Jorge
Campos la respuesta de Machado a la encuesta con
motivo de la publicación del *Almanaque literario 1935:*
«¿Cree usted que la literatura y el arte deben mante-
nerse al margen de las inquietudes sociales de nuestro
tiempo?», respuesta de la que extrae estas frases: «Diri-
gir el mundo, sólo lo dirigen la cultura y la inteligencia, y tanto la una como la otra no pueden ser un pri-
vilegio de casta... El caudal de la cultura se multipli-
caría por el goce de ella de las grandes masas...» [61].

Todavía en el mismo orden de ideas, es decir, como
contribución a la crítica del liberalismo intelectual,
conviene recordar la polémica entre Bergamín y Serrano Plaja, que evocamos en el apartado III de este capítulo, al referirnos a los intelectuales católicos frente a
la revolución de Octubre y al giro de *Cruz y Raya,* y
que Marta Bizcarrondo estudia en su libro [62]. Asimismo
subraya esta autora una colaboración del año 1935 de
Juan Falcés Elorza en la que trata de la orientación
política de los intelectuales franceses [63].

Una segunda dirección importante de estos años
1935-1936 en *Leviatán* es un interés creciente por los
temas económicos nacionales e internacionales motiva-
do en parte por un deseo de dar una base «marxista»
a las disquisiciones de carácter más bien leninista sobre la toma del poder por vía revolucionaria, cuya puesta en práctica había fracasado en octubre de 1934, y en
parte también porque, después de dicha revolución, la
censura gubernamental soportaba mejor unos análisis
sobre la banca y política hidráulica que las arengas
políticas sobre la lucha de clases y toma del poder.
Aparecen tres artículos de Antonio Ramos Oliveira
(sobre el Monopolio de Petróleos, la banca privada y
el Banco de España), comentarios de Luis Vigil-Escalera
sobre el Banco de España («Ritmo de la economía española»), una reseña de Carlos de Baráibar sobre la
coyuntura del año 1934, una crítica de «Emilio Ruiz»
—pseudónimo de Juan Andrade— referente a los pre-

---

[60] Jorge Campos, *art. cit.,* p. 11, columna 2.
[61] *Ibidem.*
[62] M. Bizcarrondo, *op. cit.,* p. 316.
[63] *Op. cit.,* p. 317.

supuestos radical-cedistas y dos trabajos de Lagunilla sobre problemas hidráulicos y agrarios [64].

Cabe recordar aquí que el año anterior, en 1934, en el marco de una crítica anarquista a la economía capitalista, había desarrollado Diego Abad de Santillán en la recién creada revista *Tiempos Nuevos,* de Barcelona [65], un trabajo importante, en la línea de su libro de noviembre de 1932 *La bancarrota económica y política del capitalismo* y de sus artículos de 21 y 27 de abril de 1934 en *Tierra y Libertad* titulados «El organismo económico de la revolución» [66].

Y el tercer tema digno de recalcar en *Leviatán,* en estos meses posteriores a la revolución de Octubre, es el gran ataque de Araquistáin a Besteiro, entre mayo y julio de 1935; ataque o, mejor dicho, contraataque al discurso de Besteiro de entrada en la Academia de Ciencias Morales y Políticas titulado «Marxismo y antimarxismo». Dicho sea de paso, fueron muy criticados desde la izquierda intelectual, tanto Pío Baroja como Julián Besteiro, por ingresar en esas fechas en la Academia. Al discurso de Julián Besteiro respondió Alcalá Zamora poniendo de relieve el carácter reformista de las ideas del conocido socialista, y llegando hasta calificarle de caudillo educador de «multitudes ignaras y necesitadas», por medio del «freno iluminador de la inteligencia» [67].

El contraataque de Araquistáin se sitúa en un marco mucho más amplio que el de una mera crítica a un discurso académico, como pone de relieve Marta Bizcarrondo: forma parte de la contraofensiva del socialismo revolucionario (largocaballerista, cuyo órgano sería *Claridad*) contra los grupos reformistas (que se expresarán en *Democracia*) [68].

Se establece una viva polémica entre Araquistáin (tres artículos sucesivos en *Leviatán,* mayo, junio y julio de 1935) y Besteiro, quien le contesta en el recién creado *Democracia,* dirigido por Andrés Saborit (primer número el 15 de junio de 1935). Remitamos al lector interesado por conocer el contenido de esta dis-

[64] *Op. cit.,* pp. 317-318.
[65] A. Elorza, *op. cit.,* p. 419.
[66] *Op. cit.,* pp. 414-426.
[67] M. Bizcarrondo, *op. cit.,* p. 324.
[68] *Op. cit.,* p. 336.

cusión al libro ya citado de Marta Bizcarrondo [69]. Esta autora considera, por cierto, tal polémica, entre otras cosas, como «un testimonio de la inseguridad de los intelectuales vinculados al socialismo español». Y añade que «en lugar de asumir la función de vanguardia teórica del partido obrero, habían desempeñado una y otra vez, desde Jaime Vera a Besteiro, el papel de introductores del reformismo» [70].

Aparte de estos tres grandes temas que ocupan, entre otros, la revista durante 1935, podemos volver, para terminar este vistazo sobre el *Leviatán* de después de octubre de 1934, al artículo de Araquistáin que evocábamos al principio de este apartado: «La revolución de octubre en España» [71], artículo que sale en el momento de las elecciones de Frente Popular. Lo que resalta, a primera vista, en este análisis de Araquistáin es: 1) Una curiosa hipertrofia de la responsabilidad de Alcalá Zamora en el desencadenamiento del movimiento revolucionario, con un ataque personal al carácter del presidente: se habla de «su extraña psicología», su «desmedida ambición de poder personal» y de su «fuerte y comprobado complejo de inferioridad». Araquistáin le hace *responsable* totalmente de la subida al poder de la CEDA, considerada como un partido monárquico y clerical, subida al poder que se califica de «fascismo sin disfraz» [72]. 2) Que Araquistáin opina que la revolución de Octubre fue un modo de curarse en salud, una revolución preventiva «inspirada, sobre todo, en los fatales ejemplos del socialismo alemán, vencido sin lucha, y del socialismo austriaco, vencido en una lucha tardía» [73]. 3) Que el derrumbamiento del gobierno catalán, calificado de «castillo de naipes», se explica por el miedo a armar a los «rabassaires» y al proletariado catalán, que, «desengañado del gobierno de la Generalidad», «volvía a su vieja táctica de la acción directa» [74]. Expresa prácticamente la misma idea por lo que a Asturias se refiere, considerando que, dada la

---

[69] *Op. cit.*, pp. 338-346.
[70] *Op. cit.*, p. 346.
[71] Número 21, febrero de 1936. Este artículo puede leerse en la antología de *Leviatán* realizada por Paul Preston. Ediciones Turner, Madrid, 1976, pp. 290-307.
[72] Antología de *Leviatán*, p. 295.
[73] *Ibid.*, p. 296.
[74] *Ibid.*, p. 300.

tensión revolucionaria de la *base* en esta región, si no estalla la revolución, «el proletariado de tendencia socialista hubiera roto sus cuadros sindicales y se hubiera incorporado a los de carácter comunista o anarcosindicalista» [75]. Por fin, termina Araquistáin opinando que esta revolución frustrada es la señal del fracaso de la República del 14 de abril y que no habrá ya solución media entre el triunfo de las derechas o el éxito de la revolución proletaria [76].

VIII. LOS INTELECTUALES AL SERVICIO DEL ANTIFASCISMO: EL COMPROMISO DEL ESCRITOR (MACHADO, LORCA, SENDER...)

Después del levantamiento de Asturias se abrió, para toda la izquierda intelectual, un período de silencio obligado, debido a la suspensión de garantías, que duró prácticamente hasta enero del año 1936. Entre otros, Azaña fue a la cárcel, y destacados socialistas tuvieron que pasar a la clandestinidad. En estas fechas dedica Fernández Flórez una «Acotación» a imaginar qué disfraz podría emplear Margarita Nelken para ir a cobrar, por sorpresa y sin que la detengan, sus dietas de diputado. En Asturias, la represión fue despiadada: para los intelectuales, la víctima simbólica fue el periodista Luis de Sirval, asesinado en una comisaría de Oviedo. A causa de la censura, no se pudo denunciar el caso en la prensa en octubre, cuando se produjo, y hubo que esperar al primero de marzo de 1936 para organizar un acto reparador en el Ateneo.

Mientras tanto, el Ateneo procuraba, dadas estas circunstancias, llevar su lucha por la libertad de prensa y contra el proyecto de Ley de prensa de Lerroux. Se organizó un ciclo de conferencias en junio de 1935, en el que tomaron parte Arturo Mori, Luis Bagaría, Julio Just, etc. [77], y cuando Antonio Espina fue encarcelado en Bilbao por publicar en *El Liberal* un artículo contra Hitler, la junta de gobierno le envió un telegrama de solidaridad [78].

---

[75] *Ibid.*, p. 303.
[76] *Ibid.*, p. 307.
[77] Antonio Ruiz Salvador, *op. cit.*, pp. 231 ss.
[78] *Op. cit.*, pp. 233-234.

124

Inmediatamente después de la revolución de Asturias, en noviembre, el Ateneo había elegido, en pleno estado de guerra, a Manuel Azaña (preso en Barcelona) como presidente de la sección de Ciencias Morales y Políticas, por 200 votos sobre 220, y abrió, después de un silencio de cinco meses, el 7 de febrero de 1935, un ciclo de conferencias sobre la Constitución española, que, en este momento, la derecha quería revisar [79]. Y en diciembre de 1935, cuando empezaba el curso 1935-1936, que iba a marcar el centenario del Ateneo, nombran a Azaña «socio de mérito», inaugurando así una especie de campaña preelectoral [80].

Junto con la preocupación de ganar las elecciones y de recuperar el poder, entre la intelectualidad ateneística ganaba terreno la tendencia comunista. En mayo de 1936, tres intelectuales del Frente Popular francés hablaron en el Ateneo: Jean-Richard Bloch, André Malraux y Jean Cassou. El discurso de Malraux fue un elogio para la Unión Soviética y propugnó la creación de una asociación de escritores españoles antifascistas, subrayando la necesidad, para el intelectual, de tomar partido en favor del régimen comunista.

Efectivamente, entre la joven generación intelectual se adoptaban fácilmente posiciones antifascistas, y de allí algunos pasaban a militar en el Partido Comunista y a realizar tareas de propaganda en las revistas próximas a este partido, como *Octubre, Nueva Cultura, Nuestro Cinema,* etc. Sin embargo, no se decidía ningún gran maestro (de las «generaciones» del 98 o del 14) a dar el paso e ingresar en las filas del entonces reducido PCE. Así comentaba amargamente la *Gaceta de Arte de Tenerife* la entrada de André Gide en el PCF: «... André Gide, con su ingreso en el comunismo, continúa siendo en Francia tema actualísimo, que trasciende a la calle, y dispone en pro y en contra a cientos de lectores, dispuestos con ánimo deportivo a entremezclarse en los debates. En España aún no podemos disponer de un tal acontecimiento. Aún hemos de esperar la conversión de un Azorín o de un Baroja, que creemos no llegará nunca, dada (*sic*) las austeras disciplinas a que viven sometidos nuestros escritores, y la

[79] *Op. cit.,* pp. 217-218.
[80] *Op. cit.,* p. 235.

nunca alterada paz de su producción. Aquí sólo se convierten poetas de treinta años, que regresan de la poesía pura, y cuyo enrolamiento en una nueva fe política no tiene la resonancia que pudiera tener la conversión de un ilustre maestro» [81].

Evidentemente, ni Arconada, ni Sender, ni Alberti, ni Cernuda, próximos al PCE por esas fechas, podían colocarse en la categoría de los «ilustres maestros», y era igualmente patente que aquellas grandes figuras intelectuales (a Azorín y Baroja, citados por la *Gaceta de Arte,* bien podemos añadir a Unamuno, Ortega, Maeztu, d'Ors, Pérez de Ayala, etc.) no iban a realizar esa «conversión» que llevó a cabo André Gide. Sin embargo, tanto Machado como Lorca (por una serie de determinaciones tanto psíquicas como sociológicas) se inclinaron mucho más hacia una concepción que implicase la literatura, el arte y la cultura en general en las luchas sociales del momento republicano. Es digno de notar el hecho de que la gran obra en prosa de Machado, el *Juan de Mairena* («esa gran altiplanicie del pensamiento machadiano», como dice Tuñón de Lara), aunque gestada años antes, empieza a publicarse recién terminada la revolución de Asturias, en noviembre de 1934, en el *Diario de Madrid,* y luego en *El Sol* [82]. Y que, por su parte, Lorca elabora, en el corto intervalo entre la muerte de su amigo torero (13 de agosto de 1934) y el 3 de noviembre del mismo año (fecha en que recita el poema ante un grupo de amigos), su *Llanto por Ignacio Sánchez Mejías,* publicado luego en Ediciones de *Cruz y Raya,* en junio de 1935, con dibujos de José Caballero. También en esta época de luchas civiles sangrientas se da la primera representación de su obra teatral fundamental *Yerma* (29 de diciembre de 1934), concibe y escribe *La casa de Bernarda Alba* y proyecta *La bola negra* (obra teatral sobre la represión social de la homosexualidad). No cabe duda de que, por una serie de relaciones a determinar, la gran tragedia colectiva de este final del año 1934

---

[81] «El proceso de André Gide», *Gaceta de Arte,* núm. 34, marzo de 1935, p. 4, columnas 1, 2 y 3.

[82] Véase M. Tuñón de Lara, *Antonio Machado, poeta del pueblo,* Nova Terra, Barcelona, 1975, especialmente pp. 251 ss. Machado publica la primera parte de su libro en la Editorial Espasa Calpe en junio de 1936.

126

fue particularmente sentida por estos dos autores (a nivel consciente e inconsciente) y que su reflexión (en el caso de Machado) o su lírica (en el caso de Lorca) recibieron así un estímulo y una amplitud singulares.

Si para algunos intelectuales constituía el auge de las luchas sociales, con su cortejo de tragedias y esperanzas, un condicionamiento enaltecedor, en cambio otros se encontraron momentáneamente (o definitivamente) esterilizados, debido en parte a esa angustia que le entra al intelectual al ver resquebrajarse la antigua comunidad espiritual, sin que haya podido aún elaborarse una nueva o recurrir a una antigua reactivada (como en el caso de Manuel García Morente, por ejemplo, que volvió a la antigua comunidad católica de su infancia). Esta parálisis de las facultades creativas alcanza, entre otros, al humorista Fernández Flórez, y le hace perder, momentáneamente, *todo humor*: en un artículo de 17 de julio de 1936, titulado «Tópicos con joroba» [83], hace un paralelo entre la revolución literaria, llevada a cabo por una «atrevida turba de pedantes» «con capacidad petulante», y la revolución política y social que se produce entonces en el país y que califica de «trabajosa caminata para ir del pantano al pantano», añadiendo: «Todo lo que nos repugna está contenido en todo lo que pretendemos presentar como nuevo y como redentor» [84]. Este exordio va destinado a presentar al lector *un cartel* que le han enviado desde Extremadura, y que anuncia un bautizo laico para el 14 de julio de 1936: «Programa de festejos que forma la Comisión nombrada para la fiesta de bautizar solemnemente a seis niños de ambos sexos en *la Ribera del Múrtiga*, finca *La Parrilla*, de este término, el domingo 14 del actual..., imponiéndose a dos de ellos los nombres de Lenin y Libertario.» Todo este ritual del bautizo laico, rojo y rojinegro, de aquel pueblo de Extremadura, en vez de suscitar su humor, le parece a Fernández Flórez un nuevo convencionalismo anunciador de una nueva barbarie, y además de no encontrarle ninguna gracia, le produce un desaliento profundo que se trocará, poco tiempo después, en un sostén resignado a los ideales del Movimiento.

---

[83] OC, IX, pp. 1166-1170.
[84] Art. cit., p. 1167.

En la prensa anarquista, lo mismo que en *Leviatán,*
durante los años 1935-1936, después de las suspensio-
nes de periódicos impuestas en represalia contra la rebelión de Asturias, empiezan a filtrarse informaciones
sobre la represión gubernamental en esta región: por
ejemplo, en la *Revista Blanca,* en el número de 15 de
enero de 1936, procuran publicar detalles de la feroci-
dad de la represión llevada a cabo por el ejército y la
policía [85], pero este número fue denunciado por el fis-
cal y recogida la tirada de la revista. Sin desalentarse,
anuncian entonces la publicación inmediata de un libro
de unas 250 páginas de Solano Palacio, *La revolución
de Octubre. 15 días de comunismo libertario en Asturias,* con unas páginas de Federica Montseny que exal-
tan el martirio de los compañeros astures.

El comentarista de la actualidad que firma *Dionysios*
en la revista *Estudios (Generación Consciente),* de Valencia, al comentar el resultado de las elecciones de
Frente Popular, aprovecha la ocasión para desear que
el triunfo de la democracia burguesa permita, al menos, a las organizaciones obreras moverse con cierta
libertad y llegar acaso otra vez al acuerdo, «como ya
se estableció en Asturias, con el espléndido resultado
que se ha visto...» [86].

En cuanto a *Tiempos Nuevos,* de Barcelona, «revista
de sociología, arte y economía», en su número de 1 de
enero de 1936, Jacinto Toryho hace un balance de 1935
aún más desengañado: «... Portela ha formado gobierno. La CEDA le ha declarado guerra a muerte. Habrá
cerrojazo. Y elecciones. Azaña, a la expectativa, como
el cazador que espera el conejo; el conejo aquí es el
poder. Y la víctima el pueblo, como siempre...» [88].

Al tiempo que comentan con un apoliticismo sar-
cástico los estertores del bienio negro y la llegada al
poder de las izquierdas, las revistas y periódicos libertarios siguen desarrollando una labor teórica que evocábamos en el apartado anterior al referirnos a los

---

[85] Núm. 365, pp. 1258-1259.
[86] Núm. 151, marzo de 1936, p. 2, columna 2.
[87] Año III, núm. 1, p. 3.
[88] Art. cit., p. 6, columna 2.

artículos sobre economía española y marxismo de Ramos Oliveira, Araquistáin, Besteiro, etc. Elorza describe en su libro *La utopía anarquista bajo la Segunda República española* [89] la polémica que se establece entre Abad de Santillán y la *Revista Blanca,* en la cual le contestan principalmente F. Urales y Germinal Esgleas. Naturalmente la proximidad del Congreso de Zaragoza, el 1 de mayo de 1936, enardece a los teóricos del anarquismo y anarcosindicalismo, y son legión en esta época los artículos y folletos que tratan del futuro de la sociedad libertaria. En esta óptica señalemos también el ensayo de Isaac Puente: *Finalidad de la* CNT: *el comunismo libertario* (Barcelona, 1936), ampliación de un texto publicado en *Estudios,* de Valencia, en 1932 [90].

En el Congreso de Zaragoza se adoptó un dictamen sobre comunismo libertario [91], en el cual, al tratarse de pedagogía, arte, ciencia y libre experimentación, se reafirman con fuerza los ideales pedagógicos anarquistas, tales como la supresión de sanciones y recompensas, la eliminación de la división entre manuales e intelectuales y el libre acceso del productor a las artes y a las ciencias, «porque el tiempo que se empleará en ellas pertenecerá al individuo y no a la comunidad» [92].

Precisamente en un artículo de 10 de enero de 1936, titulado «Marxismo y anarquismo», en la *Revista Blanca,* Federico Urales se dedica a desarrollar este problema de la relación individuo-comunidad: critica al comunismo de Estado que conserva el salario («forma actual de la esclavitud»), la escala de salarios, la existencia de cargos y empleos prestigiosos y bien retribuidos que alejan al trabajador cada vez más de la sociedad comunista. Por eso, opina Urales, prefieren los *intelectuales* el socialismo autoritario o el comunismo de Estado al anarquismo:

... Si el anarquismo diera empleos o hiciera concejales y diputados y ministros, y estableciera enchufes a voleo, no le faltaría, al anarquismo, señoritos con carreras, ni obreros intelectualizados, ni oradores elegantes; pero como no da sinecuras ni hace

---

[89] Páginas 431-432.
[90] Citado por José Peirats en su libro *La CNT en la revolución española,* tomo 1, Ruedo Ibérico, París, 1972, p. 125, nota 2.
[91] Peirats, *op. cit.,* pp. 125-133.
[92] *Op. cit.,* p. 132.

personajes, ni, después de hechos, los dota de sueldos espléndidos, el anarquismo carece, a la hora actual, hora de positivismo y de materialismo, de esta plana mayor de que empieza a andar sobrado el socialismo y el comunismo de Estado...

... El anarquismo no tendrá catedráticos con escasa afición a las aulas, ni escritores con poco apego a las cuartillas, ni abogados sin pleitos, ni médicos que huyen de los enfermos por no correr el peligro de matarlos. El pobre y abnegado anarquismo no tiene más que sabios modestos e independientes, que héroes ignorados hasta que surgen y que gente humilde que sólo espera vivir libremente, tranquila y sin explotar a nadie, ni vivir de nadie.

El anarquismo carecerá, hasta que se imponga con el martillo y el azadón, y el pico, y el barreno, y la fragua, y el telar, y la máquina, de esa pléyade de gente ilustre que mantiene, con su pico, el fuego sagrado alrededor de la esperada poltrona, más baja o más alta, según la ambición y palabra, de jefe o jefecillo; pero no carecerá de hombres de buena fe, que han de ser el sostén de la sociedad futura... [93].

En el mismo sentido aparece un artículo de Germinal Esgleas, de 15 de junio de 1936, titulado «La intelectualidad y el frente antifascista». Comenta el hecho de que una parte de la intelectualidad «no acobardada ni estancada» ha reaccionado contra el fascismo y a favor de los valores de la personalidad humana y de la civilización. Pero que esta reacción se ha producido con un «gran retraso histórico». Aunque tardía, es de apreciar esta reacción antifascista de un sector de la intelectualidad, especialmente en un momento en que una mayoría de intelectuales se ponen «incondicionalmente» al servicio del fascismo. Sin embargo, «esa sana intelectualidad que se aglutina solidariamente para hacer frente a la intelectualidad neo-fascista y al fascismo» comprende la insuficiencia de los medios pacíficos y que «a la brutalidad fascista hay que oponer la violencia revolucionaria» [94]. Pero allí apunta un peligro grave, un «desvío» funesto: las concesiones que hacen muchos intelectuales al «totalismo autoritario» (sic), aunque sea con el disfraz democrático o con el de dictadura llamada del proletariado» [95].

«La intelectualidad antifascista, lo mismo que el proletariado manual consciente, han de saber romper con los prejuicios auto-

[93] Art. cit., p. 1240, columna 1.
[94] Núm. 385, pp. 23-24.
[95] Art. cit., p. 24, columna 1.

ritarios...» [96]. «Nos escama a nosotros cuando oímos invocaciones apremiantes y severas a la disciplina férrea de las masas, cuando se combaten las tendencias anarquizantes...» [97]. «La solidaridad de los que combaten al fascismo desde diferentes posiciones debe ser cada día más estrecha. La intelectualidad no domesticada, el proletariado consciente, han de oponerse con toda energía a que la barbarie fascista extienda sus dominios...» [98]. «Y en Sociología, tenedlo bien presente, artífices de las letras y de las ciencias, cultores del espíritu, investigadores de la verdad, creadores de ideas, forjadores de quimeras, sólo hay una doctrina que reconoce abiertamente, sin reserva alguna, todos los más altos atributos de la individualidad humana, la expresión libérrima del pensamiento, que tiene el máximo respeto para la vida y las reacciones del espíritu. Esta doctrina es la doctrina anarquista, y vosotros no tenéis derecho a desconocerla, a hacer con ella la conspiración del silencio si realmente detestáis al fascismo, a todas las manifestaciones del fascismo...» [99].

También en la revista *Estudios* se achaca a la intelectualidad una enorme responsabilidad en el proceso de fascistización de la sociedad española de estos meses anteriores a la guerra civil: dice *Dionysos* en su comentario de actualidad de julio de 1936 [100]:

Los intelectuales —¿hay que decirlo?— raros son los que no se sienten atraídos por el fascismo. Lo ansían, y así lo confiesan, con más o menos impudor, para poder seguir escribiendo por escribir. ¡Para qué el esfuerzo de vivir como hombres siendo tan fácil la vida de criados de la burguesía! Como la mujerzuela no comprende que se pueda vivir como mujer, así el intelectual (las excepciones, por su rareza, no se cuentan) no concibe una vida de hombre. Y así como la mujerzuela admira al hombre fuerte, aparentemente fuerte: al Don Juan, así ellos, admiran al dictador, una especie de Don Juan de la política, es decir, un aquejado del complejo de inferioridad, como el Don Juan mujeriego es un aquejado del complejo de afeminamiento. El dictador puede permitirles seguir viviendo como hasta aquí, de escribir por escribir, del fruto de sus halagos a quien les paga, robado a los trabajadores; esto es, si no enteramente como holgazanes, sí, en toda la extensión de la palabra, como parásitos. Hasta sus, al parecer, desinteresadas defensas de la cultura y la civilización son, bien analizadas, halagos a

---

[96] Art. cit., p. 24, columna 1.
[97] Art. cit., p. 24, columna 2.
[98] Art. cit., p. 24, columna 2.
[99] Art. cit., p. 24, columna 2.
[100] Núm. 155, p. 2, columnas 1 y 2.

quien les paga. Cultura, civilización y burguesía son para ellos
la misma cosa, y conviene, alguna que otra vez, disfrazar el
halago.

Las demás instituciones, corporaciones y colectividades de carácter más o menos público y docente son, asimismo, fascistas.
Sirva de ejemplo la Academia de Jurisprudencia, cuyos componentes tienen una idea tan fina de la justicia, que acaban de
elegir para presidirles a un partidario franco del régimen dictatorial: Calvo Sotelo.

Terminemos esta sinfonía de reproches anarquistas a
la intelectualidad española con unas frases de Gonzalo
de Reparaz en *Tiempos Nuevos* de 1 de junio de 1936,
quien, en un artículo titulado «La crisis de la Revolución española», hace a la intelectualidad responsable
de tal crisis:

La causa de la crisis de nuestra revolución, que la ha puesto
a dos dedos de morir apenas nacida, es ésta: insuficiencia de la
intelectualidad española, moneda falsa fabricada en las tertulias de los cafés y en las redacciones de los periódicos. Poca inteligencia, mala cultura, mucha picardía... [101].

La práctica cultural libertaria, por lo que se puede
reconstruir a través del estudio del material impreso
disponible y de contactos con personas que hayan vi-
vido dentro de este movimiento, parece ser variada y
rica. Mencionemos la producción abundante de las Editoriales Maucci, Revista Blanca, Estudios (Generación
Consciente), que presentaban todas diversas coleccio-
nes de medicina, filosofía y ética, historia, geografía,
novelas, ensayos, obras de teatro, etc. Jugaron un papel
fundamental los numerosísimos ateneos libertarios que
existían por el país, hasta en los pueblos más aparta-
dos, y que recibían la prensa, los libros y folletos anarquistas o afines, libertarios y naturistas, y que, en muchos casos, aparte de organizar bibliotecas y conferencias, formaban un «cuadro escénico» que montaba funciones de teatro popular: la *Revista Blanca,* por ejemplo, tenía una colección de teatro social, cuyos títulos
tenían un éxito arrollador. Debía de ser muy intenso
el efecto de estas representaciones populares, pues aún
hoy se encuentran personas capaces de recitar largas
tiradas (en verso muchas veces) de estas obritas, tes-

---

[101] Año III, núm. 6, p. 275, columna 2.

timoniando así la fuerte identificación de los espectadores con los «héroes» o con las «víctimas», identificación que llegó, en el caso de una obra en la cual un patrón tiranizaba odiosamente a sus obreros y a toda la población pobre del contorno, hasta hacerles agredir con arrebato vengador al desalmado explotador en plena representación teatral.

Las revistas y las editoriales respondían a la intensa demanda en materia de educación sexual y medicina popular, a través no sólo de folletos y venta de pesarios, sino también con unos «consultorios» regulares que tenían un éxito asombroso. Llegó a adquirir mucha fama el «Consultorio psíquico-sexual» del doctor Félix Martí Ibáñez, en la revista *Estudios,* de Valencia, el cual duró desde enero de 1936 hasta junio de 1937[102]. Durante el Curso de moral sexual dado en la Asociación de Idealistas Prácticos de Barcelona, en los meses de noviembre de 1934 a enero de 1935, el doctor Martí Ibáñez realizó, por cierto, una encuesta pública de la que se deducía una aplastante mayoría de jóvenes a favor del amor libre monogámico y de la paternidad y maternidad conscientes. A otro nivel, claro está, este tipo de consultorios desempeñó un papel análogo a lo que fue la actividad de W. Reich con las Juventudes Comunistas alemanas o S. Freud con los neuróticos de la clase acomodada vienesa. También la *Revista Blanca* llevaba un Consultorio general, de medicina y cuestiones de todo tipo, que solía ocupar tres páginas y comentar cada vez más de veinte casos.

Mencionemos también de paso la organización femenina, de orientación anarquista, Mujeres Libres, que actuó de abril de 1936 a febrero de 1939,. que contó con unas 20.000 afiliadas, predominantemente obreras[103].

En resumen, puede considerarse que toda esta labor cultural *de base,* que alcanzaba hasta los cimientos profundos de la personalidad humana, contribuyó mu-

---

[102] Se ha reeditado en Tusquets Editor, en 1975, una selección de este «Consultorio» realizada y prologada por Ignacio Vidal.
[103] Sobre esta asociación se puede consultar una selección de textos de su revista a cargo de Mary Nash y editada por Tusquets Editor en 1975.

cho a dar un vigor especial al movimiento libertario de estos años. Si comparamos esta práctica cultural con la de la izquierda liberal, socialista o comunista, se constata que la de estos tres grupos se limitaba preferentemente al terreno ideológico, literario y artístico, y concedía mucha menos importancia a los problemas de salud mental y física y a la sexualidad.

CONCLUSION

De una posición de vanguardia en la coyuntura del
año 1930, los intelectuales han pasado a ser gente que
sigue, acompaña y orquesta en el momento de iniciarse
la guerra civil. En los años 1930-1931 eran líderes, ini-
ciadores entusiastas que daban el tono: por eso conce-
demos un espacio que puede parecer desproporcionado
a su actuación en estos años, pero que no lo es, dado
que su papel fue entonces, en cierto sentido, determinante. La España de 1931 presenta el caso relativamente excepcional de un régimen anunciado, preparado, elaborado por los intelectuales, en un grado poco
conocido tanto en otras épocas de la historia de España como fuera del país. Durante los primeros años
del régimen ejercen los intelectuales una acción profunda en su seno, y el hombre de quien se dijo que fue
la primera encarnación de la República, Manuel Azaña,
resultó ser, hasta su muerte, indisolublemente, un político y un intelectual. Al lado suyo, entre los socialistas,
un Besteiro o un Fernando de los Ríos ejercen también
responsabilidades esenciales, sin dejar de pertenecer a
la *intelligentsia*. En 1936, el cambio es radical: intereses de clase y presión de las masas, sin hablar de las
luchas internas de los partidos, pasan a primer plano.
Desde este momento, al lado de los políticos hábiles
o testarudos, los líderes sindicales por una parte, la
jerarquía militar y los conspiradores de toda calaña
por otra, tienen en sus manos las llaves del destino.
¿Qué hacen los intelectuales? Callarse o seguir la corriente, hacer de pitonisas desengañadas, o bien orques-
tar las aspiraciones populares, a no ser que se limiten
a defender un orden social amenazado.

Tal es la situación en el momento de empezar el
conflicto decisivo, Dejemos de lado su desarrollo, para
constatar que, terminada la guerra civil, sus vencedores reservarán a los intelectuales un odio siempre aler-
ta. Ya en 1937 es de notar que el muy reaccionario
Enrique Suñer, profesor de la Facultad de Medicina de

135

Madrid, publica en Burgos una obra titulada *Los inte-lectuales y la tragedia española,* requisitoria violenta contra el papel de los escritores y profesores en 1930-1931. Y no es de extrañar que unos dos años más tarde fuesen tan numerosos los intelectuales que deja-ron el suelo patrio, produciendo así una diáspora de «cerebros» sin precedente en un país que, sin embargo, estaba curado de espanto por lo que a emigraciones se refiere.

Nos parece interesante, para terminar, recoger algu-nas ideas sobre la función de la intelectualidad españo-la en la sociedad de la Segunda República esparcidas por este estudio: 1) Que dada la relativa inoperancia de los aparatos políticos de oposición después del fra-caso de la sublevación de Jaca, se acentuó su papel de catalizadores de las aspiraciones populares y que pa-rece justificada la opinión de Maurín según la cual la intelectualidad funcionó por esas fechas, de hecho, como un partido. 2) Que los intelectuales, que habían conceptualizado en la prensa y en el libro el malestar del país y lo habían hecho operatorio, se encontraron a pesar de todo sobrepasados y sorprendidos por la elección del 12 de abril que indicaba una voluntad inequívoca y urgente del pueblo de cambiar y reajustar *de algún modo* el desfase entre estructura socioeconó-mica y aparato político de control. 3) Que con la Re-pública los intelectuales pasan a ejercer —muchos de ellos— una función legisladora y administrativa. 4) Que su número e importancia disminuye en las elecciones posteriores, resultando desplazados por una capa de «hombres de la organización» (sea de partidos, o de grupos de presión, o del Estado) que se han formado en el nuevo ámbito político creado por la República. Puede darse el caso, por cierto, de que ciertos intelec-tuales pasen a ser «hombres de la organización», pero esto no indica más que un cambio de *función,* es decir, que abandonan *una* función por la *otra,* aunque, claro, en la segunda les quede resabios de la primera. Indicá-bamos, al referirnos a este fenómeno de sustitución, que en los partidos y grupos de la derecha se produjo esto con un retraso de un par de años, dada la repre-sión de sus actividades durante el primer período del bienio azañista y dado que no habían ejercido prácti-camente el poder en esta época. 5) Que, al iniciarse el año 1936, este proceso se acelera, en función de la intensificación de las reivindicaciones y luchas sociales, y que esta pérdida de la función conceptualizadora y crítica en beneficio de la función organizativa adquiere un carácter dominante. Como dice Francisco Caudet en su prólogo a la *Antología* de *Hora de España,* en el momento de iniciarse la guerra civil, la «trahison des clercs» era general y prácticamente obligada.

Un problema es, pues, este proceso real de evolución de la función de la intelectualidad española en la sociedad de la República, y *otro* problema es *cómo* es sentida esta evolución por los propios intelectuales, sea en su modalidad «pura», sea en los sectores militantes y organizativos de la intelectualidad.

Los «puros», los que quisieran permanecer con la función crítica y creativa exclusivamente, lamentan esta evolución, considerándola como una traición a la cultura y una concesión a la facilidad y al arribismo político. Los militantes y organizativos expresan una hiperagresividad contra los «puros», echándoles la culpa de la lentitud de los progresos de la organización o de sus fracasos coyunturales. Esta agresividad, que hemos demostrado citas en mano repetidamente en el curso de este estudio, demuestra a lo menos que todos éstos consideran a la intelectualidad como un conjunto homogéneo cuya conducta obedece a una cierta *voluntad,* que ellos suponen *podría* inflexionarse en otra dirección y *no* lo hace, de ahí este hacerla *responsable.* Es decir, que su condena se efectúa a partir de un criterio *moral,* sin tener en cuenta el proceso sociológico efectivo por el que pasa esta intelectualidad sedicente homogénea. Y esta hipertrofia del papel de la intelectualidad es mucho más marcada en la conciencia de los elementos que, precisamente por su posición de responsables organizativos y políticos de partidos, grupos o sindicatos proletarios, debieran concederle una importancia cada vez menor. Acaso este fenómeno sea debido en parte al retraso con que la conciencia absorbe los hechos reales y quizá testimonio de la intensa agresividad acumulada entonces en los hombres implicados en las luchas sociales del período, agresividad que se desahoga por el ya clásico canal de la condena rotunda y sin matices de un grupo social determinado, que hace la vez de chivo expiatorio.

137

BIBLIOGRAFIA

Además de las obras que citamos a continuación, aconsejamos al lector la consulta de las obras de los conocidos historiadores del siglo xx español: Broué y Témime; Bruguera; Fernández Almagro; Jackson; Lacomba; Olagüe; Rama; Seco, Ubieta, Jover, Reglá; Thomas; Vicens Vives; Vilar; etc.

Aláiz, Felipe: *Tipos españoles,* Obras de F. Aláiz, Ediciones Umbral, París, 1962, tomo 3.

Alberti, Rafael: *La arboleda perdida. Memorias. Libros* i *y* ii *de Memorias,* Biblioteca Breve, Seix Barral, Barcelona, 1975.

Alvarez, Ramón: *Eleuterio Quintanilla. Vida y obra del maestro,* Editorial Mexicanos Unidos, México, 1973.

Arrarás, Joaquín: *Historia de la Segunda República española,* Editora Nacional, Madrid, 1964, tomo 2.

Azaña, Manuel: *Obras Completas,* Ediciones Oasis, México, 1966-1968, 4 volúmenes.

Balbontín, José Antonio: *La España de mi experiencia (Reminiscencias y esperanzas de un español en el exilio),* Colección Aquelarre, México, 1952.

Baroja, Pío: *Obras Completas,* Biblioteca Nueva, Madrid, 1949, tomo vii.

Barón, Enrique: *El final del campesinado,* Editorial Zyx, Madrid, 1971.

Bassolas, Carmen: *La ideología de los escritores. Literatura y política en la «Gaceta Literaria» (1927-1932),* Editorial Fontamara, Barcelona, 1975.

Bécarud, Jean: *Miguel de Unamuno y la Segunda República,* Cuadernos Taurus, 62, Madrid, 1965.

Bécarud, Jean: *Cruz y Raya (1933-1936),* Cuadernos Taurus, 88, Madrid, 1969.

Bécarud, Jean: *La Segunda República española,* Taurus, Biblioteca Política, 11, Madrid, 1967.

Bergamín, José: *Cruz y Raya. Antología* (prólogo y notas de Jean Bécarud), Ediciones Turner, Madrid, 1974.

Bizcarróndo, Marta: *Araquistáin v la crisis socialista en la II República. Leviatán (1934-1936)*, Siglo XXI, Madrid, 1975.

Borrás, Tomás: *Ramiro Ledesma Ramos*, Editora Nacional, Madrid, 1971.

Bravo, Francisco: *José Antonio. El hombre, el jefe, el camarada*, Ediciones Españolas, Madrid, 1940.

Brenan, Gerald: *El laberinto español. Antecedentes sociales y políticos de la guerra civil*, Ruedo Ibérico, París, 1962.

Brey, Gerald, y Maurice, Jacques: *Historia y leyenda de Casas Viejas*, Editorial Zyx, Biblioteca Promoción del Pueblo, Madrid, 1976.

Brocá, Salvador de: *Falange y filosofía*, Salou, Unieurop., 1976.

Campos, Jorge: «*Leviatán* y la literatura (Interrogación a una revista», en *Insula*, núm. 367, p. 11, columnas 1, 2, 3 y 4.

Cantarero del Castillo, Manuel: *Falange y socialismo*, Dopesa, Barcelona, 1973.

Caro Baroja, Julio: *Semblanzas ideales*, Taurus, Madrid, 1972.

Caro Baroja, Julio: *Los Baroja*, Taurus, Madrid, 1972.

Carrasquer, Francisco: «*Imán*» y la novela histórica de *Ramón J. Sender. Primera incursión en el realismo mágico senderiano*, Universidad de Amsterdam, 1968.

Caudet, Francisco: Selección e Introducción de *Hora de España (Antología)*, Ediciones Turner, Madrid, 1975, pp. 9-49.

Cierva, Ricardo de la: *Historia de la guerra civil española. Antecedentes. Monarquía y República (1898-1936)*, Editorial San Martín, Madrid, 1969.

Díaz Plaja, Guillermo: *Memoria de una generación destruida (1930-1936)*, Editora Aymá, Barcelona, 1966.

Díaz Plaja, Guillermo: *Estructura y sentido del novecentismo español*, Alianza Universidad, Madrid, 1975.

Elorza, Antonio: *La utopía anarquista bajo la Segunda República española* (precedido de otros trabajos), Editorial Ayuso, Madrid, 1973.

Esteban, José: «Editoriales y libros de la España de los años treinta», en *Cuadernos para el Diálogo*, número extraordinario XXXII, 1972, pp. 58-62.

139

10

Farga, Manuel Juan: *Universidad y democracia en España (treinta años de lucha estudiantil)*, Editorial Era, col. «Ancho Mundo», México, 1969.

Fernández Flórez, Wenceslao: *Obras Completas*, Aguilar, Madrid, tomo v (1960) y tomo ix (1964).

Galindo Herrero, Santiago: *Los partidos monárquicos bajo la Segunda República*, Ediciones Rialp, Madrid, 1956.

Gallego Morell, Antonio: *Prólogo* (edición y bibliografía) al *Teatro* de Ignacio Sánchez Mejías, Ediciones del Centro, Madrid, 1976, pp. 9-31.

Giménez Caballero, Ernesto: *Manuel Azaña (Profecías españolas)*, Ediciones Turner, Madrid, 1975.

Gómez Marín, José Antonio: *Aproximaciones al realismo español*, Miguel Castellote Editor, Madrid, 1975.

Gómez Molleda, María Dolores: *Los reformadores de la España contemporánea*, csic, Madrid, 1966.

Gómez de la Serna, Ramón: *Automoribundia (1888-1948)*, Editorial Sudamericana, Buenos Aires, 1948.

Gubern, Román: *El cine sonoro en la II República, 1929-1936*, Editorial Lumen, Palabra en el Tiempo, 125, Barcelona, 1977.

Guzmán, Eduardo de: *1930. Historia política de un año decisivo*, Ediciones Tebas, Colección Historia Política, Madrid, 1973.

Guzmán, Eduardo de: *La Segunda República fue así*, Editorial Planeta, Espejo de España, 28, Barcelona, 1977.

Heras, Antonio de las: «La ILE y la II República», en *Boletín de la Asociación Europea de Profesores de Español*, núm. 15, octubre de 1976, pp. 73-83.

Hernando, Miguel Angel: *La «Gaceta Literaria» (1927-1932). Biografía y valoración*, Universidad de Valladolid, Departamento de Lengua y Literatura Españolas, 1974.

Jarnés, Benjamín: *Fauna contemporánea. Ensayos breves*, Espasa Calpe, Madrid-Barcelona, 1933.

Laín Entralgo, Pedro: *Descargo de conciencia (1930-1960)*, Barral Editores, Barcelona, 1976.

Lamby, Jean: *Histoire externe et interne du théâtre universitaire «La Barraca», dirigé par Federico García Lorca et Eduardo Ugarte, de 1931 a 1936*, des, Institut Hispanique, París, 1961.

Lassus, Michel: *La revue Octubre de Rafael Alberti (juin 1933-avril 1934)*, DES, Institut Hispanique, París, 1962-1963.

Ledesma Ramos, Ramiro: *¿Fascismo en España? Discurso a las juventudes de España*. Estudio preliminar de Santiago Montero Díaz, Ediciones Ariel, Barcelona, 1968.

Machado, Antonio: *Obras Completas de Manuel y...*, Editorial Plenitud, Madrid, 1957.

Madariaga, Salvador de: *Anarquía o jerarquía*, Editorial Aguilar, Madrid, 2.ª ed., 1936.

Madariaga, Salvador de: *España. Ensayo de historia contemporánea*, Aguilar Editor, Madrid, 2.ª ed., 1934.

Mainer, José Carlos: *Falange y literatura*. Edición, selección, prólogo y notas de..., Editorial Labor, Barcelona, 1971.

Mainer, José Carlos: «*Azor*, 1932-1934, radiografía de una crisis», en *Sociedad, política y cultura en la España de los siglos XIX-XX*, Cuadernos para el Diálogo, Madrid, 1973.

Mainer, José Carlos: *La Edad de Plata (1902-1931). Ensayo de interpretación de un proceso cultural*, Los Libros de la Frontera, Barcelona, 1975.

Marichal, Juan: *Prólogo* al tomo 1 de las *Obras Completas* de Manuel Azaña, Editorial Oasis, México, 1966.

Martí Ibáñez, Félix: *Consultorio psíquico-sexual*. Selección y prólogo de Ignacio Vidal, Tusquets Editor, serie «Los Libertarios», Barcelona, 1975.

Maura, Miguel: *Así cayó Alfonso XIII...*, Ediciones Ariel, colección Horas de España, 2.ª ed. española, Barcelona, 1966.

Maurín, Joaquín: *Revolución y contrarrevolución en España*, Ruedo Ibérico, París, 1966.

Morón, Guillermo: *Historia política de José Ortega y Gasset*, Editorial Oasis, México, 1960.

Nash, Mary: *Selección y prólogo* de «*Mujeres Libres*» *(España 1936-1939)*, Tusquets Editor, Barcelona, 1975.

Pastor, Manuel: *Los orígenes del fascismo en España*, Túcar Ediciones, Madrid, 1975.

Payne, Stanley G.: *Falange. A history of spanish fascism*, Stanford University Press, 1962.

Payne, Stanley G.: *Los militares y la política en la España contemporánea,* Ruedo Ibérico, París, 1968.

Peirats, José: *La CNT en la revolución española,* Ruedo Ibérico, París, 1971, tomo 1 (3 tomos).

Pérez Galán, Mariano: *La enseñanza en la Segunda República española,* Editorial Cuadernos para el Diálogo, colección ITS, Madrid, 1975.

Preston, Paul: *Leviatán (Antología).* Selección y prólogo de..., Ediciones Turner, Madrid, 1976.

Prieto, Indalecio: *Convulsiones de España,* Ediciones Oasis, México, 1967, tomo 1.

Puente, Isaac: *Propaganda,* Editorial Tierra y Libertad, Barcelona, 1938.

Ramírez Jiménez, Manuel: *Los grupos de presión en la Segunda República española,* Editorial Tecnos, Madrid, 1969.

Ramos Oliveira, Antonio: *Historia de España,* Compañía General de Ediciones, México, 1952, tomos 2 y 3.

Redondo, Gonzalo: *Las empresas políticas de José Ortega y Gasset, «El Sol», «Crisol», «Luz» (1917-1934),* Ediciones Rialp, Madrid, 1970, tomo 2.

Ridruejo, Dionisio: *Escrito en España,* Editorial Losada, Buenos Aires, 1964.

Ridruejo, Dionisio: *De la Falange a la oposición,* Taurus Ediciones, Madrid, 1976.

Ridruejo, Dionisio: *Casi unas memorias.* Prólogo de Salvador de Madariaga, Editorial Planeta, Barcelona, 1976.

Rubio Cabeza, Manuel: *Los intelectuales españoles y el 18 de julio,* Ediciones Acervo, Barcelona, 1975.

Ruiz Salvador, Antonio: *Ateneo, Dictadura y República,* Fernando Torres Editor, Valencia, 1977.

Salcedo, Emilio: *Vida de don Miguel.* Prólogo de Pedro Laín Entralgo, Editorial Anaya, Salamanca-Madrid-Barcelona, 1964.

Sánchez Albornoz, Claudio: *Anecdotario político,* Editorial Planeta, Barcelona, 1976.

Southworth, Herbert Rutledge: *Antifalange,* Ruedo Ibérico, París, 1967.

Tuñón de Lara, Manuel: *Medio siglo de cultura española (1885-1936),* Editorial Tecnos, Madrid, 1970.

Tuñón de Lara, Manuel: «Intelectuales de la Monarquía a la República», en extra especial de *Triunfo,* número 507, 17 de junio de 1972.

Tuñón de Lara, Manuel, y otros: *Sociología, política y cultura en la España de los siglos XIX y XX,* Editorial Cuadernos para el Diálogo, Madrid, 1973.

Tuñón de Lara, Manuel: *Historia y realidad del poder,* Editorial Cuadernos para el Diálogo, Madrid, 1975.

Tuñón de Lara, Manuel: *Antonio Machado, poeta del pueblo,* Editorial Nova Terra, Barcelona, 1975.

Tuñón de Lara, Manuel: *La II República,* Siglo XXI de España, Madrid, 1976, 2 vols.

Tussell, Javier: *Historia de la Democracia Cristiana en España,* Editorial Cuadernos para el Diálogo, Madrid, 1974, 2 vols.

Urales, Federico: «La fuerza y la inteligencia en los ideales», en *Revista Blanca,* 28 de septiembre de 1934, p. 164.

Valverde, José María: *Azorín,* Editorial Planeta, Barcelona, 1971.

Valverde, José María: «Temática y circunstancia vital en Miguel Hernández», en *Miguel Hernández. El escritor y la crítica,* Taurus Ediciones, Madrid, 1975, pp. 216-228.

Valverde, José María: *Antonio Machado,* Siglo XXI de España, Madrid, 1975.

Velarde Fuertes, Juan: *El nacionalsindicalismo, cuarenta años después (Análisis crítico),* Editora Nacional, Madrid, 1972.

Ventallo, Joaquim: *Los intelectuales castellanos y Cataluña,* Galba Edicions, Barcelona, 1976.

Vidal, Ignacio: *Prólogo* al *Consultorio psíquico-sexual* del doctor Félix Martí Ibáñez, Tusquets Editor, Barcelona, 1975.

Tuñón de Lara, Manuel, y otros: *Sociología política y
cultura en la historia de los siglos XIX y XX*, Cuadro Cuadernos para el Diálogo, Madrid, 1973.

Tuñón de Lara, Manuel: *Historia y realidad del poder*,
Editorial Cuadernos para el Diálogo, Madrid, 1973.

Tuñón de Lara, Manuel: *Antonio Machado, poeta del
pueblo*, Editorial Nova Terra, Barcelona, 1975.

Tuñón de Lara, Manuel: *La II República*, Siglo XXI
de España, Madrid, 1976, 2 vols.

Tusell, Javier: *Historia de la Democracia Cristiana
en España*, Edicusa, Cuadernos para el Diálogo,
Madrid, 1974, 2 vols.

*Ukelele Hiriberriko (La fuerza y la inteligencia en los
idiomas*, en *Revista Blanca*, 28 de septiembre de
1934, p. 164.

Valverde, José María: *Azorín*, Editorial Planeta, Barcelona, 1971.

Valverde, José María: «Lematica y circunstancia vital en Miguel Hernández», en Miguel Hernández,
El escritor y la crítica, Taurus, Ediciones, Madrid,
1975, pp. 215-228.

Valverde, José María: *Antonio Machado*, Siglo XXI
de España, Madrid, 1975.

Velarde Fuertes, Juan: *El nacionalsindicalismo, cuarenta años después* (Análisis crítico), Editora Nacional, Madrid, 1972.

Vernillo, Joaquín: *Los intelectuales castellanos y C*,
ninza, Ceiba, Ediciones, Barcelona, 1976.

Vicac Amado, Pedro: *El Conde. o el mundo social
del doctor Félix Martí Ibáñez*, Taqueta, Editor,
Barcelona, 1975.

1. LUIS ARAQUISTAIN:
«DEL REPUBLICANISMO AL SOCIALISMO»

El republicanismo ha evolucionado en todas partes menos en España. Verdad es que también en España está iniciada ya esa evolución y hay signos evidentes de que ha de precipitarse. El socialismo español fue, en sus orígenes, una desviación del anarquismo y del republicanismo. El anarquismo era demasiado irreal; el republicanismo, demasiado simple. Pero al socialismo español le faltó, en sus comienzos, vitalidad para absorber por completo al republicanismo. En parte, ello pudo ser debido al lento desarrollo capitalista de España; en un país de economía semifeudal no es posible constituir un poderoso movimiento socialista. En parte, pudo ser debido a la escasez de intelectuales en el Partido Socialista. De esta ausencia no puede culparse a la clase obrera misma, que siempre ha sido acogedora con los hombres de los cuales aprender algo. Ninguna clase social siente tanta apetencia de hombres superiores, intelectual y moralmente, como la clase obrera. Lo que ocurre es que, en España, este tipo de hombre llamado intelectual tiene una mentalidad de pequeño burgués, es *kleinburgerlich*. Poco idealista y poco sensible a los dolores ajenos, no le preocupa más que hacer su carrera, labrarse una posición, encontrar un pingüe empleo, una cátedra, una sinecura o una novia rica. Para ello necesita vivir en dulce compadrazgo con gobernantes, dispensadores de mercedes, y con gente adinerada. El intelectual medio español, además de creer que es un signo de elegancia espiritual no tener trato con los obreros, siente una admiración servil por el hombre rico que en forma más o menos delicada puede regalarle un emolumento a cambio del ornato de su prestigiosa compañía.

Este desvío de los intelectuales no ha favorecido al socialismo español. Porque el propulsor de las grandes agitaciones sociales es siempre el hombre de pensamiento. Sin Marx, sin Engels, sin Jaurès, sin Berstein, sin Vandervelde, sin los Webb, sin Bernard Shaw y los fabianos ingleses, sin Lenin y Trotski, sin éstos y otros teóricos que han creado y recreado de continuo el pensamiento socialista, no se concibe el socialismo. El error de los intelectuales es mezclarse demasiado en la parte puramente funcional de los partidos y organizaciones obreras. Eso debe quedar para los obreros más inteligentes, para los que forman como una aristocracia, como una selección entre la propia clase trabajadora. El intelectual debe huir en general de los «cargos», en parte porque esto puede empañar, a los ojos de los más recelosos, con el vaho de una aparente ambición personal, la pureza de sus móviles, y en parte porque a sus funciones de crítica, de constante revisión, de clarificación, de definición, de estímulo, y aun por su especial psicología, le cuadra mejor la distancia. Hay, claro está, casos admirables en que un intelectual se compenetra totalmente con la organización obrera y la organización con él, como el de Julián Besteiro, presidente del Partido Socialista y de la Unión General de Trabajadores.

Esta escasez de intelectuales en el socialismo español ha contribuido, probablemente, a su lento desarrollo, porque han faltado hombres capaces de atraerse y asimilarse, por la vía del pensamiento, las masas anarquistas y republicanas de España. También contribuyó, tal vez, a que el socialismo español no sólo no absorbiera el republicanismo, sino a que, en cierta etapa de su desenvolvimiento, se hubiera republicanizado, o que fuera el republicanismo el que, en cierto modo, le arrastrara. La Conjunción republicano-socialista fue, para el socialismo español, un avance de táctica: en determinadas circunstancias, la alianza de un partido con otro afín es una táctica necesaria. Pero desde un punto de vista teórico, la alianza con el republicanismo acaso fue perjudicial para el socialismo. Los socialistas se olvidaron un poco de su ciudad ideal y de su método de lucha de clases, para pensar demasiado en la ciudad republicana —un presidente en lugar de un rey— de sus aliados. El socialismo español, disgregado en sus orígenes de una ideología republicana demasiado simplista, pareció en un momento haberse impregnado excesivamente de un republicanismo puro.

Pero eso pertenece al pasado. Después de 1923, el socialismo se replegó en su independencia y en sus métodos clásicos de lucha. En cierta manera, el interregno parlamentario abierto por la dictadura le fue fructífero, al obligarle a concentrar sus esfuerzos en la organización sindical, íntimamente unida a la política, y al alejarle, por eclipse de toda actividad electoral, del republicanismo histórico. Los papeles han cambiado radicalmente. Ya no es el socialismo el impregnado de republicanismo puro, sino el republicanismo el que quiere impregnarse de socialismo, como lo indica el Partido Republicano Radical Socialista, creado en 1929. Los que hace años remolcaban al socialismo, ahora van a remolque de él.

Extracto del artículo recogido en su libro *El ocaso de un régimen*, 1930, citado por Andrés Saborit en su libro sobre Besteiro, páginas 94 y 95.

2. MANUEL AZAÑA:
«TRES GENERACIONES DEL ATENEO»

Cada vez que la protesta recrece en el país, el Ateneo se agita, se vigoriza y aun se congestiona. La tensión actual del Ateneo condensa el estado paroxístico del ánimo público; dilata y corrobora otros días de agitación que acuden raudamente a mi memoria. Quien no los viese podrá entender por la agitación actual, como ante un experimento de laboratorio renovado a voluntad, la agitación antigua. No seré yo, ni los camaradas que conmigo vienen de la punzante soledad inscrita por Unamuno en la imagen del cardo silvestre; no seré yo, que con otros aguardaba verme un día menos solo, quien siembre desde esta tribuna la moderación ni el desmayo.

Volviendo ahora los ojos al mañana, es obvio que el Ateneo pondrá en las contiendas futuras su aportación genuina. Si mi esperanza no falla, cumplidas las setenta semanas de Daniel, saldremos de cautividad y podrá construirse el templo nuevo. En la gran renovación y trastorno necesitados por la sociedad española, la función del Ateneo es primordial. De las fuerzas activas, determinantes, que han de provocar las destrucciones irreparables deseadas, está en primer rango la inteligencia. Es menester una ideología poderosa, armazón de las voluntades tumultuarias. Es menester el hábito y la técnica de discurrir con tino para afrontar las creaciones históricas que se presentan ante el vulgo como argumentos irrebatibles. Solamente la facultad crítica, ebria de absoluto, avezada a las abstracciones, puede contrarrestar los monstruosos accidentes que pretenden vivir, ya esquilmada la sustancia de que fueron parásitos. La potencia intelectual se irrita del atropello de la verdad, y no puede, aunque quisiera, disimular el atropello, porque hay un pudor del entendimiento y no sufre ver profanado lo verdadero. Esta cualidad fomenta el Ateneo cuando provoca el acercamiento desinteresado de la inteligencia a los problemas políticos; hablo de política en su acepción más noble, eterna, inteligible para Demóstenes, para Colbert y para Trotzki. La tarea de suscitar y educar esa cualidad es necesaria y difícil. La sensibilidad política, como yo la pongo, es rara. Se conquista a fuerza de ilustración, de generosidad y de experiencia; pero el ánimo generoso y humanizado es el punto más alto de la cultura personal, equivalente en el orden cívico a la santidad. Se dirá —ya me lo han dicho— que esta fase de la actividad del Ateneo rompe la disciplina mental, quebranta la especialización, inexcusable si ha de hacerse algo bueno en la vida. Yo no lo entiendo así. No se pretende que el jurista, el biólogo, el filósofo, el poeta, prostituyan su trabajo profesional llevándolo a fines bastardos, extraños al puro objeto de su ciencia o su arte. Se pretende que, especialistas a su hora, sean hombres a todas. Y puesto que en su cualidad de hombres los constituye, entre otros, el hecho de pertenecer a una sociedad en trance de disolución y reforma, se pretende que la inteligencia pura explore esta parte de su humanidad verdadera, la entienda, la articule, la promulgue con el celo y la suficiencia conquistados en su oficio propio. Del sujeto que rehúsa mezclarse en las agitaciones del vulgo, so pretexto de vivir en esfera sublime, yo desconfío: de su capacidad, si en efecto nuestras preocupaciones no le importan, y veo en ello, antes que distinción, señal de mengua y cortedad de espíritu; de su carácter, si se esquiva y retrae a una abstención prudente por ventaja personal o por librarse de la incómoda refriega. Nada es más urgente en España que el concurso de la inteligencia pura en las contiendas civiles...

Concibo, pues, la función de la inteligencia en el orden político y social como empresa demoledora. En el estado presente de la sociedad española, nada puede hacerse de útil y valedero sin emanciparnos de la historia. Como hay personas heredosifilíticas, así España es un país heredo-histórico. No hablo de la historia impasible, objetiva y, en fin, científica, si puede llegar a tanto, que algunos lo niegan; precisamente, si ha de ser ciencia, la historia debe abandonar cualquiera pretensión normativa ulterior al hallazgo de la verdad; no hablo tampoco de la historia en cuanto significa el hecho natural de un pueblo vivo, en su inconsciente devenir. El morbo histórico que corroe hasta los huesos del ente español no se engendra en la investigación ni en la crítica o análisis de los hechos; antes, la falta de esos hábitos mentales prepara el terreno y lo dispone a la invasión morbosa. España es víctima de una doctrina elaborada hace cuatro siglos en defensa y propaganda de la monarquía católica imperialista, sobrepuesta con el rigor de las armas al impulso espontáneo del pueblo. Inventa unos valores y una figura de lo español y los declara arquetipos. Exige la obligación moral de mantenerlos y continuar su linaje. Provee de motivos patéticos a la innúmera caterva de sentimentales y vanidosos, semilocos, averiados por una instrucción falaz y un nacionalismo tramposo que ni siquiera se atreve a exhibir sus títulos actuales. Cada vez que la tiranía tradicional arroja la máscara y se costea a nuestras expensas el lujo de ostentar una semejanza de pensamiento y una emoción fluente, se vuelve al pasado. Hace siete años la tiranía fue a encerrarse con su legión de secuaces en el patio de la Mota de Medina, y ante los roídos ladrillos de una fortaleza medieval —ilustre testigo, por cierto, de la última insurrección popular española— se declaró heredera y continuadora de Isabel la Católica. Hecho más significativo —allende su primaria grotesquez— de lo que aparenta. Si la ocasión lo permitiese podría demostrarse que las pretensiones hereditarias del general dictador y su alucinación providencialista, emanadas del poso de una menguada enseñanza española, no fueron puro desatino. Precisamente por no serlo, el caso denota la profundidad de la lesión y la urgencia del remedio.

Ha de haber en el espíritu español un encogimiento medroso, que a muchos revolucionarios les ha impedido soltarse del pa-

150

sado y botar su nave en las libres aguas del porvenir. Hace un siglo, los revolucionarios liberales se empeñaron en demostrar que su revolución restauraba instituciones arcaicas: Toreno, Argüelles, Martínez de la Rosa, el propio Martínez Marina y otros expositores del liberalismo español torturan la tradición para autorizar su obra política. En tiempos modernos, un apóstol, casi un mártir de la regeneración española, estaba también poseído del mismo afán. Y no es raro todavía que de un pedazo de carta municipal del siglo XIII se pretenda sacar —como de un hueso perdido dedujo el naturalista la armazón del esqueleto— la planta jurídica, amparo de mi libertad en el siglo XX. A favor de esta inclinación hereditaria, el morbo histórico estraga la porción dominante de la sociedad española. Los más de los españoles no lo reciben directamente, porque no pasan de la escuela, si por ventura la frecuentan, pero lo sufren en sus costillas. El cultivo se hace en la parte menor, a través de la educación, del contagio adquirido en su ambiente social. Ellos escriben después en los periódicos, publican libros, echan discursos, dirigen la producción, pueblan las oficinas, el ejército, gobiernan el Estado. De esta clase timorata, precavida, tullida de ánimos, recontando miserablemente los ochavos de su hacienda y los ochavos de su gloria, menos disconforme en la entraña con el espíritu y los métodos de la tiranía de cuanto ahora quiere decir, no debe esperarse nada; yo no lo espero, a causa del amoralismo de su técnica y la corrupción de su cultura. La obligación de la inteligencia, constituida, digámoslo así, en vasta empresa de demoliciones, consiste en buscar brazos donde los hay: brazos del hombre natural, en la bárbara robustez de su instinto, elevado a la tercera potencia a fuerza de injusticias. A ese hombre debe ir el celo caluroso de la inteligencia, aplicada a crear un nuevo tipo social. Tal es la semejanza de la política y el arte; en su virtud, la pasión política prende con facilidad en los más sensibles. La ciencia no se preocupa de los destinos de su objeto. Nosotros decimos que el cangrejo es un crustáceo; pero el cangrejo no lo sabe. Esta es la ciencia, y al cangrejo no le importa ignorar dónde lo clasifican. Nosotros decimos que el hombre es ciudadano, pero los más de los hombres no lo saben. Hacérselo saber y entender es admirable cebo para la facultad creadora. Los gruesos batallones populares, encauzados al objetivo que la inteligencia les señale, podrán ser la fórmula del mañana. En rigor, nunca las cosas han ocurrido de otra manera.

Extracto sacado de sus *Obras Completas*, tomo 1, pp. 632-635.

Cuando la historia de un pueblo fluye dentro de su normalidad cotidiana, parece lícito que cada cual viva atento sólo a su oficio y entregado a su vocación. Pero cuando llegan tiempos de crisis profunda, en que rota o caduca toda normalidad, van a decidirse los nuevos destinos nacionales, es obligatorio para todos salir de su profesión y ponerse sin reservas al servicio de la necesidad pública. Es tan notorio, tan evidente, hallarse hoy España en una situación extrema de esta índole, que estorbaría encarecerlo con procedimientos de inoportuna grandilocuencia. En los meses, casi diríamos en las semanas, que sobrevienen tienen los españoles que tomar sobre sí, quieran o no, la responsabilidad de una de esas grandes decisiones colectivas en que los pueblos crean irrevocablemente su propio futuro. Esta convicción nos impulsa a dirigirnos hoy a nuestros conciudadanos, especialmente a los que se dedican a profesiones afines con las nuestras. No hemos sido nunca hombres políticos; pero nos hemos presentado en las filas de la contienda pública siempre que el tamaño del peligro lo hacía inexcusable. Ahora son superlativas la urgencia y la gravedad de la circunstancia. Esto, y no pretensión alguna de entender mejor que cualesquiera otros españoles los asuntos nacionales, nos mueve a iniciar con máxima actividad una amplia campaña política. Debieron ser personas mejor dotadas que nosotros para empresas de esta índole quienes iniciasen y dirigiesen la labor. Pero hemos esperado en vano su llamamiento, y como el caso no permite ni demora ni evasiva, nos vemos forzados a hacerlo nosotros, muy a sabiendas de nuestras limitaciones.

El Estado español tradicional llega ahora al grado postrero de su descomposición. No procede ésta de que encontrase frente a sí la hostilidad de fuerzas poderosas, sino que sucumbe corrompido por sus propios vicios sustantivos. La Monarquía de Sagunto no ha sabido convertirse en una institución nacionalizada, es decir, en un sistema de Poder público que se supeditase a las exigencias profundas de la nación y viviese solidarizado con ellas, sino que ha sido una asociación de grupos particulares que vivió parasitariamente sobre el organismo español, usando del Poder público para la defensa de los intereses parciales que representaba. Nunca se ha sacrificado aceptando con generosidad las necesidades vitales de nuestro pueblo, sino que, por el contrario, ha impedido siempre su marcha natural por las rutas históricas, fomentando sus defectos inveterados y desalentando toda buena inspiración. De aquí que día por día se haya ido quedando sola la Monarquía y concluyese por mostrar a la intemperie su verdadero carácter, que no es el de un Estado nacional, sino el de un Poder público convertido fraudulentamente en parcialidad y en facción.

Nosotros creemos que ese viejo Estado tiene que ser sustituido por otro auténticamente nacional. Esta palabra «nacional» no es vana; antes bien, designa una manera de entender la vida pública que lo acontecido en el mundo durante los últimos años de nuevo corrobora. Ensayos como el fascismo y el bolchevismo marcan la vía por donde los pueblos van a parar en callejones sin salida: por eso, apenas nacidos padecen ya la falta de claras perspectivas. Se quiso en ambos olvidar que, hoy más que nunca, un pueblo es una gigantesca empresa histórica, la cual sólo puede llevarse a cabo o sostenerse mediante la entusiasta y libre colaboración de todos los ciudadanos unidos bajo una disciplina más de espontáneo fervor que de rigor impuesto. La tarea enorme e inaplazable de remozamiento técnico, económico, social e intelectual que España tiene ante sí no se puede acometer si no se logra que cada español dé su máximo rendimiento vital. Pero esto no es posible si no se instaura un Estado que por la amplitud de su base jurídica y administrativa permita a todos los ciudadanos solidarizarse con él y participar en su alta gestión. Por eso creemos que la Monarquía de Sagunto ha de ser sustituida por una República que despierte en todos los españoles a un tiempo dinamismo y disciplina, llamándolos a la soberana empresa de resucitar la historia de España, renovando la vida peninsular en todas sus dimensiones, atrayendo todas las capacidades, imponiendo un orden de limpia y enérgica ley, dando a la justicia plena transparencia, exigiendo mucho de cada ciudadano: trabajo, destreza, eficacia, formalidad y la resolución de levantar nuestro país hasta la plena altitud de los tiempos.

Pero es ilusorio imaginar que la Monarquía va a ceder galantemente el paso a un sistema de Poder público tan opuesto a sus malos usos, a sus privilegios y egoísmos. Sólo se rendirá bajo una formidable presión de la opinión pública. Es, pues, urgentísimo organizar esa presión haciendo que sobre el capricho monárquico pese con suma energía la voluntad republicana de nuestro pueblo. Esta es la labor ingente que el momento reclama. Nosotros nos ponemos a su servicio. No se trata de formar un partido político. No es sazón de partir, sino de unificar. Nos proponemos suscitar una amplísima Agrupación al Servicio de la República, cuyos esfuerzos tenderán a lo siguiente:

1.º Movilizar a todos los españoles de oficio intelectual para que formen un copioso contingente de propagandistas y defensores de la República española. Llamaremos a todo el profesorado y magisterio, a los escritores y artistas, a los médicos, a los ingenieros, arquitectos y técnicos de toda clase, a los abogados, notarios y demás hombres de ley. Muy especialmente necesitamos la colaboración de la juventud. Tratándose de decidir el futuro de España, es imprescindible la presencia activa y sincera de una generación en cuya sangre fermenta la sustancia del porvenir. De corazón ampliaríamos a los sacerdotes y religiosos este llamamiento, que a fuer de nacional preferiría no excluir a nadie;

pero nos cohíbe la presunción de que nuestras personas carecen de influjo suficiente sobre esas respetables fuerzas sociales.

Como la Agrupación al Servicio de la República no va a modelarse en partido, sino a hacer una leva general de fuerzas que combatan a la Monarquía, no es inconveniente para alistarse en ella hallarse adscrito a los partidos o grupos que afirman la República, con los cuales procuraremos mantener contacto permanente.

2.º Con este organismo de avanzada, bien disciplinado y extendido sobre toda España, actuaremos apasionadamente sobre el resto del cuerpo nacional, exaltando la gran promesa histórica que es la República española y preparando su triunfo en unas elecciones constituyentes, ejecutadas con las máximas garantías de pulcritud civil.

3.º Pero al mismo tiempo nuestra Agrupación irá organizando, desde la capital hasta la aldea y el caserío, la nueva vida pública de España en todos sus haces, a fin de lograr la sólida instauración y el ejemplar funcionamiento del nuevo Estado republicano.

Importa mucho que España cuente pronto con un Estado eficazmente constituido, que sea como una buena máquina en punto, porque bajo las inquietudes políticas de estos años late algo todavía más hondo y decisivo: el despertar de nuestro pueblo a una existencia más enérgica, su renaciente afán de hacerse respetar e intervenir en la historia del mundo. Se oye con frecuencia más allá de nuestras fronteras proclamar, como el nuevo hecho de grandes proporciones que apunta en el horizonte y modificará el porvenir, el germinante resurgir ibérico a ambos lados del Atlántico. Nos alienta tan magnífico agüero, pero su realización supone que las almas españolas queden liberadas de la domesticidad y el envilecimiento en que las ha mantenido la Monarquía, incapaz de altas empresas y de construir un orden que a la vez impere y dignifique. La República será el símbolo de que los españoles se han resuelto por fin a tomar briosamente en sus manos su propio e intransferible destino.—Gregorio Marañón, José Ortega y Gasset, Ramón Pérez de Ayala.

El Sol, 10 de febrero de 1931. *Obras Completas,* tomo XI, pp. 125-128.

4. RAMIRO LEDESMA RAMOS:
   «LOS INTELECTUALES Y LA POLITICA»

En España, más que en ningún otro pueblo, la intervención de los intelectuales en la política constituye un grueso problema. La crítica es una función peculiarísima de la inteligencia como tal, y desde 1898 apenas si ha circulado por la vida española otra cosa que crítica. Ha sido el período de los intelectuales. En que se han presentado ahí, con una voz y un escalpelo.

Como frente a ellos no ha existido sino un régimen en declive, en franca huida, su tarea crítica encontró aceptación en sectores populares, consumándose de este modo la gran faena de edificar negaciones.

El ciclo que comenzó en 1898 y ha devorado estérilmente dos generaciones llega hoy a su culminación con esos quince mil intelectuales que el señor Ortega y Gasset enarbola. Las circunstancias por que atraviesa la España actual hacen posibles las subversiones más cómicas, y tendría verdaderamente poca gracia que esas falanges meditadoras se hiciesen dueñas de los mandos.

La política no es actividad propia de intelectuales, sino de hombres de acción. Entiendo por intelectual el hombre que intercepta entre su acción y el mundo una constante elaboración ideal, a la que al fin y al cabo supedita siempre sus decisiones. Tal linaje de hombre va adscrito a actividades muy específicas, que no es difícil advertir y localizar. Así, el profesor, el hombre de ciencia, de letras o de pensamiento. Y esas otras zonas adyacentes, que corresponden a los profesionales facultativos. Entiendo por hombre de acción, en contraposición al intelectual, aquel que se sumerge en las realidades del mundo, en ellas mismas, y opera con el material humano tal y como éste es.

Política, en su mejor acepción, es el haz de hechos que unos hombres eminentes proyectan sobre un pueblo.

Pero las propagandas políticas son propagandas de ideas, se me dirá. Un siglo de palabrería hueca abona una afirmación así. Es lo cierto, sin embargo, que no hay ideas objetivas en política, única cosa que podría justificar la tarea interventora del intelectual.

No de ideas objetivas, esto es, no de pequeños orbes divinos, sino de hechos y de hombres, es de lo que se nutren las realidades políticas. Primero es la acción, el hecho. Después, su justificación teórica, su ropaje ideológico. Insistiré mucho en que nadie confunda esto que digo con el materialismo marxista, que es muy otra cosa. Pues aparte de que a nadie se le ocurrirá desnudar de espíritu la acción política, existe la radical diferencia de que aquí no establecemos causalidad alguna entre acción e idea.

Las cosas reales que dificultan y moldean la marcha y la vida de los pueblos se rinden tan sólo al esfuerzo y a la intrepidez del hombre de acción. En la medida en que un pueblo dispone de hombres activos eminentes y les entrega las funciones directoras, ese pueblo realiza y cumple con más o menos perfección su destino histórico. En cuanto se intercepta el intelectual y le suplanta, el pueblo se desliza a la deriva, tras de horizontes quiméricos y falsos.

El intelectual prefiere a la realidad una sombra de ella. Le da miedo el acontecer humano, y por eso teje y desteje futuros ideales. De ahí su disconformidad perenne, su afán crítico, que le conduce fatalmente a hazañas infecundas. El material humano

155

11

le parece imperfecto y bruto. Hurta de él esas imperfecciones posibles, que son la vida misma del pueblo, y se queda con lo que sea de fácil sumisión al pensamiento, a su pensamiento.

El hombre de acción, el político, se identifica con el pueblo. Nada le separa de él. No aporta orbes artificiosos ni se retira a meditar antes de hacer. Eso es propio del intelectual, del mal político. Precisamente el tremendo defecto de que adolece el sistema demoliberal de elección es que el auténtico político, el hombre de acción, queda eliminado de los éxitos. En su lugar, los intelectuales —y de ellos los más ramplones y mediocres, como son los abogados— se encaraman en los puestos directivos. El sistema político demoliberal ha creado eso de los programas, falaz instrumento de la más pura cepa abogadesca.

El hombre de acción no puede ser hombre de programas. Es hombre de hoy, actual, porque la vida del pueblo palpita todos los minutos y exige en todos los momentos la atención del político.

Al intelectual se le escapa la actualidad y vive en perpetuo vaivén de futuro. De ahí eso de los programas, elegante medio de bordear los precipicios inmediatos. El intelectual es cobarde y elude con retórica la necesidad de conceder audiencia diaria al material humano auténtico, el hombre que sufre, el soldado que triunfa, el acaparador, el rebelde, el pusilánime, el enfermo, o bien la fábrica, las quiebras, el campo, la guerra, etc.

Ahora bien, en un punto los intelectuales hacen alto honor a la política y sirven y completan su eficacia. En tanto en cuanto se atienen a su destino y dan sentido histórico, legalidad pudiéramos decir, a las acciones —victorias o fracasos— a que el político conduce al pueblo. Otra intervención distinta es inmoral y debe reprimirse.

Si el intelectual subvierte su función valiosa y pretende hacerse dueño de los mandos, influir en el ánimo del político para una decisión cualquiera, su crimen es de alta traición para con el Estado y para con el pueblo. En la política, el papel del intelectual es papel de servidumbre, no a un señor ni a un jefe, sino al derecho sagrado del pueblo a forjarse una grandeza. Afán que el intelectual, la mayor parte de las veces, no comprende.

La cuestión que abordamos en estas líneas es de gravedad suma aplicada a este país nuestro, que atraviesa hoy las mayores confusiones. Aquí, el intelectual sirve al pueblo platos morbosos, y busca el necio aplauso de los necios. Sabe muy bien que otra cosa no le es aceptada ni comprendida, y es sólo en el terreno de las negaciones infecundas donde halla identidad con la calle.

Ahora bien, el intelectual constituye un tipo magnífico de hombre, y es de todas las castas sociales la más imprescindible y valiosa. Su concurso no puede ser suplantado por nada y le corresponden en la vida social las elaboraciones más finas. El intelectual mantiene un nivel superior, de alientos ideales, sin el que un pueblo cae de modo inevitable en extravíos mediocres y sencillos. En España no hemos podido conocer todavía una colaboración franca de la Inteligencia con las rutas triunfales de nuestro pueblo. El intelectual se ha desentendido de ellas, ajeno a la acción, persiguiendo tan sólo afanes destructores. Puede ocurrir que ello se deba a que no ha gravitado sobre el pueblo español el imperio de una gran política. Y a que se requería al intelectual para contubernios viles. Sea lo que quiera, el hecho innegable es que el intelectual no ha contribuido positivamente, como en otros pueblos, a la edificación de la problemática política de España.

Además de esto, los intelectuales españoles ofrecen hoy el ejemplo curioso de que no se han destacado de ellos ni media docena de teóricos de una idea nacional, hispánica, figurando en tropel al servicio de los aires extranjeros. Ello es bien raro, y explica a la vez que los sectores de cultura media de España tarden en percibir las corrientes políticas que hace ya un lustro circulan por Europa. Se sigue rindiendo culto exclusivo a las ideas vigentes hace cincuenta años, y estos retrasos de información y de sensibilidad se traducen luego en dificultades para conseguir y atrapar las victorias que nuestro tiempo hace posibles.

Hay tan sólo una política, aquella que exalta y se origina en el respeto profundo al latir nacional de un pueblo, que pueda y merezca arrastrar en pos de sí la atención decidida de los intelectuales. Un intelectual, si lo es de verdad, vive identificado con las aspiraciones supremas de su pueblo. La acción política que esté vigorizada por la sangre entusiasta del pueblo encuentra fácilmente enlaces especulativos con los intelectuales. Es lo que acontece hoy en Italia, país donde reside un anhelo único entre intelectuales, políticos y pueblo. Es lo que acontece casi en Rusia, a pesar de que su política nacional es de tendencia exclusivamente económica y marxista, esto es, extranjera. Es lo que acontece en grandes sectores de Alemania, y en este país tenía ese mismo sentido la adhesión tan comentada de los sabios universitarios al Káiser, supuesto supremo representante del alma germana.

Y la colaboración nacional, positiva, de los intelectuales a la política hispana, ¿dónde aparece?

La Conquista del Estado, núm. 5, abril de 1931.

5. WENCESLAO FERNANDEZ FLOREZ: «LOS INTELECTUALES»

La explícita disconformidad de Unamuno y el desvío de don José Ortega y Gasset no han arredrado a los incondicionales del Gobierno. Los incondicionales del Gobierno lo resuelven todo con

157

palabras cabalísticas, con abracadabras. Dueños de todas las palancas de mando, creen ser también poseedores de aquel don de los hechiceros de los relatos pueriles, a los que bastaba decir al príncipe temerario: «Conviértete en cuervo» para que el pobre joven se remontase graznando. A los que discrepan les gritan: ¡«Monárquicos!»; cuando el republicanismo del adversario es innegable, definen: «¡Es un idiota!» Y así, como en el caso de estos dos hombres ejemplares, no se puede creer en la indigencia mental, los defensores del Gobierno dogmatizan así: «Los intelectuales no merecen beligerancia política.»

Lo he leído en varios periódicos, después del discurso de don Miguel en el Ateneo. Y antes de seguir, quiero dejar aclarado que la estimación por el talento del catedrático de Salamanca no es en mí —como en aquéllos— un oportunismo. Varias veces me llevó a Hendaya el único afán de testimoniársela, cuando era un desterrado, y ahora sigo creyendo que en sus actuales críticas hay muchas dolorosas y útiles verdades. La frase con que hoy se quiere negar toda importancia a su actitud parlante y a la actitud silente de Ortega y Gasset, ya la han oído ellos muchas veces.

La hemos oído todos. Los hombres de la Monarquía pensaban así también. (¡Cuántos errores comunes!) Creían que los intelectuales significaban poco más que pájaros gorjeadores. Los partidos políticos estaban prontos a obsequiar con actas a serviciales reporteros que manejaban afablemente las gacetillas, pero consideraban con recelo o con desdén a los escritores de categoría. En Palacio también se les tenía en cuenta. Mientras en los banquetes que en las Cortes de Italia y de Bélgica se ofrecieron a los reyes de España había asiento para grandes poetas, para grandes ensayistas, para ilustres hombres de ciencia, en aquellos con que aquí se correspondió al agasajo oficial sólo figuraban aristócratas, generales y políticos. No conozco a ningún literato de valía español que haya recibido de aquellos Gobiernos las distinciones que Francia prodiga entre los suyos; no sé que en nuestra nación se pueda citar un premio comparable al que Maeterlink alcanzó en la suya. ¡A cualquier mora iba a creerse aquí que el escribir ennoblecía! En cuanto a la conducta de Inglaterra, que paga una fuerte pensión a la viuda de Dickens y que ofrece un barco a Walter Scott para alivio de su enfermedad, sería entre nosotros incomprensible.

La Dictadura atacaba francamente en sus *notas* a los intelectuales. Como antes. Y ahora los oficiosos del Gobierno.

Pero —medítese— ¿quién hizo que todo aquello desapareciese? No fueron los discursos vulgares de unos cuantos ciudadanos mediocres. No fue el episodio de una insignificante sublevación, disipada con el humo de los primeros disparos. Tampoco fue la desesperación del hambre ni la indignación de un pueblo martirizado, como el de los *mujiks*. Fue la infiltración lenta y constante de lo que esos intelectuales desdeñados decían en sus artículos, en sus libros, la que llevó a votar a varios millones de hombres contra el régimen criticado.

Desdeñadlos, si os conviene. Pero, a lo largo, quienes la orientan, quienes mandan, *son ellos.*

11 de diciembre de 1932. *Obras Completas*, tomo IX, pp. 379-381.

6. JOSE ORTEGA Y GASSET:
   «¡VIVA LA REPUBLICA!»

Creo firmemente —ya lo he dicho— que estas elecciones contribuirán a la consolidación de la República. Pero andan por ahí gentes antirrepublicanas haciendo vagos gestos de triunfo o amenaza, y de otro lado, hay gentes republicanas que sinceramente juzgan la actual situación peligrosa para la República. Pues bien: suponiendo que con alguna verosimilitud sea esto último el caso presente, yo elijo la ocasión de este caso para gritar por vez primera, con los pedazos que me quedan de laringe: «¡Viva la República!» No lo había gritado jamás: ni antes de triunfar ésta ni mucho menos después, entre otras razones porque yo grito muy pocas veces.

Quién es el que grita

Pero como todo anda un poco confundido, y los españoles del día tenemos poca memoria, quiero recordar o hacer constar algunas cosas que hasta ahora he callado o no he querido subrayar. Desde el fondo de mi largo y amargo silencio, estrujándolo como un racimo lleno de jugo, quiero rememorar a mis lectores y a todos los españoles —porque tengo tanto derecho como cualquiera otro para dirigirme a ellos— quién es el ciudadano que ahora, precisamente ahora, grita: «¡Viva la República!»

El que grita se sintió en radical desacuerdo desde el día siguiente al advenimiento de la República con la interpretación de ésta y la política que iniciaban sus gobernantes. Yo no puedo demostrar con documentos la verdad literal de esta frase. Dejémosla, pues, como una frase y nada más. Pero lo que sí puedo demostrar con documentos es que ya el 13 de mayo —por tanto, al mes justo de la proclamación del nuevo régimen— protesté airadamente, junto a Marañón y Pérez de Ayala, contra la quema de conventos, que fue una faena aún más que repugnante, estúpida. Esto el 13 de mayo; pero el 2 de junio publicaba yo un artículo titulado: «¡Pensar en grande!», invitando a tomar la República en forma y formato opuestos a los que empezaban a adoptarse. Y en 6 de junio, convocados a elección los ciudadanos, apareció otro artículo mío titulado: «¡Las provincias deben rebelarse contra los candidatos indeseables!» El 25 del mismo mes mi discurso electoral en León, donde, contra todo mi deseo, había sido presentado candidato, comenzaba así, según la transcripción algo incorrecta de los periódicos leoneses:

«¿Queréis, gentes de León, que hablemos un poco en serio de la España que hay que hacer?

Con profunda vergüenza asisto a la campaña electoral que se está llevando a cabo en toda la Península. Trátase, nada menos, que de unas elecciones constituyentes. Se moviliza civilmente al país para que elija a unos hombres que van a fabricar el nuevo Estado. Es un gigantesco edificio el que hay que construir, y no hay edificio si no hay en la cabeza un plano previo de líneas vigorosas.

Lo que me parece vergonzoso es que los cientos de discursos pronunciados en España no enuncien una sola idea clara, que defina algo sobre ese Estado que hay que construir. Sólo se han pronunciado palabras vanas y huecas prometiendo en palabrería fantástica, sin saber si se puede o no realizar. Porque esto importa poco a esos palabreros, que sólo quieren hostigar a las masas con palabras vanas e insensatas para que, como un rebaño de ovejas, vayan a las urnas o, como un rebaño de búfalos, vayan a la revolución. Y a eso se le llama democracia.»

Con esto llegamos al 13 de julio, es decir, aún no transcurridos los tres meses desde el 14 de abril. Pues bien: en esa fecha leyeron los lectores de *Crisol* otro artículo mío titulado: «Hay que cambiar de signo a la República». Y en 9 de septiembre, este otro: «Un aldabonazo». Y en 6 de diciembre pudo oírse en el «cine» de la Opera mi discurso sobre «Rectificación de la República». Y el 13 del mismo mes, en las primeras consultas del Presidente recién elegido, fue el que ahora da su grito el único que pidió la formación de un Gobierno sin colaboración socialista, que preveía funesta para la República y para el socialismo. No mucho después, en el periódico antedicho, se imprimieron unos párrafos bajo el lema: «Estos republicanos no son la República», etcétera, etc., etc.

Estos recuerdos precisarán un poco en la mente del lector la fisonomía del que ahora grita «¡Viva la República», y le harán pensar que, si lo grita, es a sabiendas y a pesar de lo que ha sido durante esta primera etapa de la política republicana. Corregirán de paso un error que he oído más de una vez, según el cual yo consideraría haberme equivocado al recomendar en cierta hora a los españoles que se constituyesen en República, que había perdido la ilusión, que juzgaba sin remedio la política republicana y demás suposiciones igualmente superficiales. Los datos ahora rememorados, con la impertinencia de sus fechas exactas, demuestran que no me fue necesario esperar a que los gobernantes republicanos de la primera hora comenzasen a desbarrar para saber que lo iban a hacer: que, de tal modo esperaba y presumía por anticipado su descarrío, que me adelanté a insinuar mi discrepancia, como me adelanté a echar en cara a las provincias que iban, por inconsciencia, a elegir diputados indeseables, como me situé, desde luego, y por innúmeras razones, en posición de no actuar durante el primer capítulo de la historia republicana, según hice constar desde mi primer discurso en la Cámara, que fue, entre paréntesis, el primer discurso de oposición a la política del Gobierno. Pero no me interesa de todo esto lo que signifique como demostración vanidosa de capacidad previsora. Lo que me interesa es refutar con esos hechos y con esos datos incontrovertibles el error en que están los que suponen que yo recomendé la instauración de la República «porque» creyese que, desde luego, iban a ir precisamente las cosas. No sólo no lo creía, sino que —y éste es el motivo de las anteriores recordaciones— no acepto en persona que presuma de alguna seriedad que pretenda juzgar las posibilidades históricas de un régimen por lo acontecido en los dos años y medio después de su natividad. Y es sencillamente grotesco que intenten hacer tal cosa los monárquicos defensores de un régimen extranjero, que no durante dos años y medio, sino durante dos siglos y medio han maltraído a España en desmedro, decadencia y envilecimiento lamentables y constantes, haciéndola llegar a esta República en un estado tal de desmoralización y de falta de aptitudes por parte de masas y minorías, que él ha sido, en definitiva, la causa de estos dos años y medio pesadillescos.

Porque si han sido tales para el labrador andaluz y para el cura de aldea, no crean estos señores que el que grita ahora «¡Viva la República!» los ha pasado en un lecho de rosas. Durante ellos se me ha insultado y vejado constantemente desde las filas republicanas, y, claro está, también desde las otras. Algunos sinvergüenzas, algunos insolentes y algunos sota-intelectuales que son lo uno y lo otro, y que hasta ahora, por lo que fuera, no se habían resuelto a atacarme, han aprovechado la atmósfera envenenada de esos años para morderme los zancajos. Pero hay más: los hombres republicanos han conseguido que por vez primera después de un cuarto de siglo, no tuviera yo periódico afín en que escribir. Y esto no significaba sólo que me hubiesen quitado la vihuela para mi canción, sino que me planteaba por añadidura los problemas más tangibles, materiales y urgentes. ¿Me entiende el labrador andaluz a quien han deshecho su hacienda y el cura de aldea a quien han retirado su congrua?

Pues con esto termina mi argumento *hominis ad hominem*. Este hombre es el que grita ahora: «¡Viva la República!»

Por qué lo grita

¿Lo hará por misticismo republicano? Tampoco. En materia de política no admito misticismo, ni siquiera admito que se sea republicano, como suele decirse, «por principios». Siempre he sostenido que en política no hay eso que se llama principio. Los principios son cosas para la Geometría. En política hay sólo circunstancias históricas, y éstas definen lo que hay que hacer. Yo sostuve hace tres años, y sostengo hoy con mayor brío, que la única posibilidad de que España se salve históricamente, se rehaga y triunfe es la República, porque sólo mediante ella pueden los españoles llegar a nacionalizarse, es decir, a sentirse una Nación. Y esto es cosa infinitamente más importante que las estupideces o desmanes cometidos por unos gobernantes durante la anécdota de un par de años. Ya a estas horas, en estas elecciones, aunque los electores, todavía torpes, envían al Parlamento gentes en buena parte tan indeseables como las anteriores, han sentido que actuaban sobre el cuerpo nacional, han despertado a la conciencia de que se trataba de su propio destino. Todavía no han votado por y para la nación, sino movidos reactivamente por intereses particulares, de orden material o de orden espiritual, la propiedad o la religión —para el caso da lo mismo, porque ambos intereses, aunque sean respetables, son particulares, no son la Nación—. Mas por ahí se empieza: es el aprendizaje de la política que termina descubriendo la Nación como el más auténtico, más concreto y más decisivo interés político, porque es el interés de todos.

Muchas veces, una de ellas en plena Dictadura, he afirmado que la República es el único régimen que automáticamente se corrige a sí mismo, y en consecuencia, no tolera su propia falsificación. La República, o expresa una realidad nacional, o no puede vivir. La República es, quiérase o no, sinceridad histórica, y ésa es la suprema fuerza a que puede llegar un pueblo. Cuando éste ha conquistado su propia sinceridad, cuando cobra esa radical conciencia de sí mismo, nada ni nadie se le puede poner enfrente. Las Monarquías, en cambio, fácilmente se convierten en máscaras que un pueblo se pone a sí mismo, y no le dejan verse y sentirse y ser y, a lo mejor bajo, bajo el antifaz remilgado de una Corte se van muriendo y pudriendo por dentro.

Esténse, pues, quedos los monárquicos. Tenemos profundo derecho —¡qué diablo, derecho!—, tenemos inexcusable obligación los españoles de hacer a fondo la experiencia republicana. Y esta experiencia es larga como todo lo que posee dimensiones históricas. Tienen que pasar muchas cosas. Lo primero que tenía que pasar era que vomitasen las llamadas «izquierdas» todas las necedades que tenían en el vientre. Que esto haya acontecido es ya un avance y una ganancia, no es pura pérdida. Ahora pasará que van a practicar la misma operación con las suyas las llamadas «derechas». Luego, España, si desde ahora la preparamos, tomará la vía ascendente.

Como tenemos, pues, la obligación de hacer esa gran experiencia, sépanlo, estamos resueltos a defender la República. Yo también. Sin desplantes ni aspavientos, que detesto. Pero conste: yo también. Yo, que apenas si cruzo la palabra con esos hombres que han gobernado estos años, algunos de los cuales me parecen no ya jabalíes, sino rinocerontes.

Pero ¿qué queríais, españoles? ¿Que hubiesen estado ahí esperando, armados de punta en blanco, hombres maravillosos para gobernaros? Pero ¿qué habíais hecho antes para tener esos hombres? ¿Creéis que esas cosas se regalan, que lograrlas no supone dolores, esfuerzos, angustias a los pueblos? Si queréis regalos, si queréis manteneros en vuestra concepción de la vida estrecha, interesada, sin altitud y sin arrestos, sin anchura de horizonte delante, sin afán de fuertes empresas, sin claridad de cabeza, tenéis que contentaros por los siglos de los siglos con elegir entre don Marcelino Domingo y el señor Goicoechea.

Los republicanos que no eran la República

Los hombres que han gobernado estos dos años y que querían para ellos solos la República, no eran en verdad republicanos, no tenían fe en la República. Como no me refiero a nadie en particular, no tengo por qué hacer las excepciones que la justicia *nominatim* reclamaría. Eran incapaces de comprender que las transformaciones verdaderamente profundas y sustantivas de la vida española, las que pueden hacer de este pueblo caído un gran pueblo ejemplar, son las que el régimen republicano, como tal y sin más, produciría a la larga y automáticamente. Por eso necesitaban con perentoriedad otras cosas, además de la República, cosas livianas, espectaculares, superficiales y de una política ridículamente arcaica, como la expulsión de los jesuitas, la descrucifixión de las escuelas y demás cosas que por muchas razones y en muchos sentidos —conste, en muchos sentidos— han quedado ya bajo el nivel de lo propiamente político. Es decir, que no son siquiera cuestión. Otras, que son más auténticas, y que, quiérase o no, habrá que hacer, como la reforma agraria, tenían que haber sido acometidas bajo un signo inverso, sin desplantes revolucionarios, bajo el signo rigoroso de la más alta seriedad y competencia.

Se ha visto que esos hombres, al encontrarse con el país en sus manos, no tenían la menor idea sobre lo que había que hacer con ese país. No habían pensado ni siquiera en la Constitución que iban a hacer, la cual, al fin y al cabo, es lo más fácil, por ser lo más abstracto de la política.

La opinión pública y sus representantes de ahora

Ahora bien: exactamente lo mismo acontece a las fuerzas ahora triunfantes, como tendremos ocasión de ver en los meses próximos. ¿Es que en serio pueden presentarse ante los españoles, como gentes que saben lo que hay que hacer con España, los grupos supervivientes de la Dictadura que la han tenido siete años en sus manos sin dejar rastro de fecundidad y menos después de muerto el único de esos hombres que poseía alma cálida

163

y buen sentido, que era el propio general Primo de Rivera? Y con más vehemente evidencia hay que decir lo propio de los monárquicos.

Como todo esto es un poco absurdo, me es forzoso desde ahora repetir lo mismo que desde la iniciación de la República decía yo a sus gobernantes: que erraban si creían que los electores los habían votado a ellos. Tampoco ahora han votado a los candidatos triunfantes. Han votado sus propios dolores, sus irritaciones, sus afanes, sus imprecisos deseos, pero no a los monárquicos, ni a los dictadores, ni a la CEDA, ni a la nebulosa de los agrarios. Los diputados de «derecha» representan hoy, sin duda, una gran porción de la opinión pública, como representaron todavía mayor volumen de ella los que comenzaron a gobernar en julio de 1931. Pero la opinión pública, como las palabras de la sibila, es siempre enigmática, y hay que saber interpretarla.

Contra todas las demagogias

Mi grito: «¡Viva la República!» no va, pues, dirigido a ninguna galería. Al contrario: yo lo lanzo hoy contra todas las galerías, contra todas las masas, contra todas las demagogias. Porque la propaganda de «derechas» ha sido tan demagógica, tan vergonzosa y tan envilecedora de las masas como aquella contra la cual protestaba yo en mi discurso de León. No basta tener razón, como la han tenido, en encresparse contra las violencias y la frivolidad de un Gobierno insensato. Es preciso, además, tener razón ante España, ante el decoro nacional, que reclama de todos nosotros desesperados esfuerzos para levantar el nivel moral de nuestra vida pública. Al frenesí del obrerismo va a suceder la exacerbación del señoritismo, la plaga más vieja y exclusiva de España.

Pero, repito, nada de esto que ha pasado y pasa es tiempo perdido e inútil desastre. Todo eso será necesario para que un número suficiente de españoles llegue al convencimiento de que es preciso empezar desde el principio, y, reuniéndose en grupo apretado como un puño, iniciar una política absolutamente limpia y sin anacronismos.

La política de halago a las masas, a cualquier masa, está terminando en el mundo. El fascismo y el nacionalsocialismo son su última manifestación, y a la par, el tránsito a otro estilo de organización popular. Hay que ir más allá de ellos y evitar a todo trance su imitación. Un pueblo que imita, que es incapaz de inventar su destino, es un pueblo vil. El mimetismo de rancias políticas francesas ha sido la *gran viltá* de las «izquierdas». Un pueblo que imita está condenado a perpetuo anacronismo. Tiene que esperar a que los otros ensayen sus inventos, y cuando él quiere copiarlos ya ha pasado la hora de ellos.

Cada pueblo renace hoy de afirmar lo que más falta le hacía: por eso tiene que descender, en profundo buceo de sinceridad, al sótano de sus angustias, de sus lacras y de sus defectos, y luego emerger de nuevo en un ansia gigantesca de corrección y perfeccionamiento. En España no ofrece duda qué es lo que más falta: moral. Es un pueblo desmoralizado en los dos sentidos de la palabra —el ético y el vital—. Sólo puede renacer de una política que comience por ser una moral, una moral exasperada, exigentísima, que reclame al hombre entero y lo sature, que arroje de él cuanto en él hay de encanallamiento, de vileza, de chabacanería, de chiste e incapacidad para las nobles empresas.

Porque es bien claro —basta mirar sobre las fronteras— que tampoco puede hoy la política fundarse en los intereses. Tendrá que contar con ellos, pero no fundarse en ellos. Esa política que hostiga y sirve a los intereses de grupos, de clases, de comarcas, es precisamente lo que ha fracasado en el mundo. Uno tras otro, los intereses parciales —el capitalista, el obrerista, el militarista, el federalista— al apoderarse del Estado han abusado de él, y abuso con abuso han acabado por neutralizarse, dejando el campo franco a la afirmación de los valores morales en torno a la idea de Nación.

¿Serán los jóvenes españoles, no sólo los dedicados a profesiones liberales, sino los jóvenes empleados, los jóvenes obreros despiertos, capaces de sentir las enormes posibilidades que llevaría en sí condensadas el hecho de que en medio de una Europa claudicante fuese el pueblo español el primero en afirmar radicalmente el imperio de la moral en la política frente a todo utilitarismo y frente a todo maquiavelismo? ¿No sería esa la empresa que para el pueblo español —el gran decaído y gran desmoralizado— estaba a la postre guardada? ¿De qué otra cosa podría renacer una raza pobre y de larga, larga experiencia, un pueblo viejo, y que cuando ha sido de verdad lo que ha sido, ha sido, sobre todo, digno? Hablando en serio, y en última lealtad, ¿qué otra cosa puede hacer el español si quiere de verdad hacer algo sino ser de verdad «honrado e hidalgo»?

Eso, por lo pronto. Luego podría ser todo lo demás.

> *El Sol*, 3 de diciembre de 1933. *Obras Completas*, tomo IX, pp. 524-531.

7. DIONISIO RIDRUEJO:
«ESCRITO EN ESPAÑA»

Mis primeros veinte años habían sido, por así decirlo, prehistóricos, desde el punto de vista político. Ni de mi casa, donde yo era el único varón, ni de mi pequeña villa episcopal, donde el correr de la historia era casi insensible, ni de los diversos internados donde había ido cursando mis estudios, incluidos los superiores, había podido yo recibir estímulos para interesarme por aquellos asuntos. Mi educación había sido tradicional y conformista y mis reacciones personales —como es normal— rebeldes e interrogantes. Mi conocimiento de las realidades políticas y sociales era sumario, filtrado con dificultades a través de las grietas de todos aquellos senos maternos en que se defendía aún buena parte de mi infancia, pero bastaba para hacerme comprender que vivíamos todos en una sociedad injusta y algo asfixiante. Fue, sin duda, el clima de intensa politización desencadenada por la experiencia republicana el que, invasoramente, acabó despertando en mí las inquietudes de ese orden que sólo de un modo intelectual y abstracto —a través de mis desordenadas lecturas y de mi sentimentalismo generoso— se me habían insinuado.

En general lo que me rodeaba era pura reacción contra aquella experiencia republicana —medio escolar, familia, amigos, relaciones, periódicos que entraban en casa—, lo que determinaba en mí cierta perplejidad; por el contrario, mis impulsos condenaban el orden que, al parecer, aquella experiencia venía a remover.

Era yo —y lo soy aún— hombre serenamente religioso y liberalmente creyente, sin muchas inclinaciones místicas y con la punta de anticlericalismo que lleva consigo todo español que no cojea del pie contrario. En consecuencia, me molestaba el estilo de beatería dominante en la oposición derechista, que era lo que tenía más cerca, pero me repugnaban también los alardes trivialmente blasfematorios que usaban los pocos hombres genuinos de izquierda con los que topé por aquellos años. En términos intelectuales e incluso éticos me atraía el socialismo —la idea de la gran reforma igualitaria del mundo—, pero afectiva y estéticamente y por la fuerza de muchos prejuicios de difícil disolución, me sentía ligado a «mi» ambiente, el de la pequeña burguesía inmovilista y medrosa que por entonces se soltaba el pelo con todas las monsergas del patriotismo sacralizado. Diría que mi afectividad y mi inteligencia pendulaban inquietamente y me pareció como hecha a mi medida aquella Falange que, con tan excesiva sencillez, venía a decir que «ni derechas ni izquierdas, sino todo junto»: sagradas tradiciones y revolución igualitaria.

Entre los jóvenes comenzaba entonces en España —ahora comienza de nuevo— a considerarse sobrepasada la Democracia liberal, como cosa de viejos. Al clima razonable y laico que defendían, mejor o peor, los hombres de la República, oponían muchos jóvenes la mitificación de los ideales, el entusiasmo heroico y revolucionario y la superstición de los poderes fuertes. Quienes en esta corriente no tenían ánimos o estaban sobrados de prejuicios para llegar al final del camino —al de la revolución desnuda y auténtica—, encontraban en el fascismo un puente intermedio donde la revolución, depreciadora del espíritu burgués, podía avenirse con muchos de sus hábitos o intereses.

No voy a intentar aquí ni una exposición ni una crítica del pensamiento falangista. En este libro y en algún otro trabajo más directo he polemizado con él, esto es, con la sombra de mis propias ideas juveniles, y no voy a repetir lo que ya he escrito. Diré solamente que en aquellos tiempos su idea del pueblo-nación, unido bajo el mando de una vigorosa y abnegada minoría para conseguir al mismo tiempo —y en forzosa interdependencia— su grandeza exterior o imperial y su refundición social interna, me parecía convincente. Sólo la experiencia me demostraría que cuando se arrumba la mesa del juego donde apuestan los diversos intereses no es para que «todos» entren en el juego, sino para que uno solo —el más fuerte— se apodere del botín.

Di mi adhesión al pequeño movimiento falangista, más por la pasión juvenil de tener algo a que entregarse que por la esperanza razonada de ver realizada su utopía. En cierto modo estas formas de adhesión a un proyecto extremista y remoto suelen ser muchas veces encubrimientos del apoliticismo. En el fondo, y hasta muy próxima la guerra civil, la política ocupaba una porción muy escasa de mi actividad e incluso de mi imaginación. Más artista que intelectual y más contemplativo que activista, la vida literaria y mi propia vida sentimental me absorbían por entero. De otra parte, en la pequeña ciudad de Segovia, donde por entonces fui a vivir, el campo de expansión del falangismo era bien corto y a mí no me correspondían otras actividades que las de discutir —porque eso sí, era aficionado a la polémica y al juego de las ideas— con mis amigos derechistas que, con muy pocas excepciones, eran los que tenía.

En 1935 conocí personalmente, fuera de los círculos falangistas, a José Antonio Primo de Rivera, un hombre sugestivo, inteligente, de gran elegancia dialéctica, gallardía y segura honradez personal, que a estas gracias añadía la de un punto de timidez delicada y deferente, enormemente atractiva. Me impresionó como no me ha impresionado ningún otro hombre y me pareció ver en él el modelo que el joven busca instintivamente para seguirle e imitarle: algo así como el amigo mayor que siempre orienta el despegue rebelde de los adolescentes cuando sienten la necesidad de romper con lo más inmediato e impuesto. Con esto, mi sistema de mitificaciones quedó completo.

Extracto de *Escrito en España*, pp. 11-13.

Sin adarme de grasa, el capitoste de aquel cotarro de ocho o
doce personas, según los días, accinado, seco, la enjuta carne
asoleada, pétrea cabeza erguida, ojos corvinos desmedrados, cu-
riosos, de rapidísimo girar y agarrarse, mandando en una importante nariz fina, que cobra estilo romano y cordobés de perfil;
la frente asurcada, el pelo ralo a lo espín, la rapada barbilla,
hendida como posaderas de melocotón al adelantarse cuando cie-
rra, apretados, los puños en ademán de voluntad; bríllanle entonces las niñas como azabache pulido o aceitunas zarzaleñas;
los hombros altos, el fuerte pecho abovedado; la vestimenta pobre, un tanto raída de limpia: chaqueta de pañete gris, los cal-
zones más oscuros o más claros mostrando su desprecio de sas-
tres y cominerías, largas manos, largos dedos nerviosos; hombre
de mal fumar, chupetea los tabacos en rápidas bocanadas, dándole a los labios lo que es de la gola. Anda a zancadas, los brazos penduleando; se le ve el esqueleto a la legua. Un hablar corto, boquicerrado, hecho a obedecer y a mandar, encubriendo en
moldes castrenses una fundamental timidez y un bárbaro pudor
de sus sentimientos. Para él cuentan dos cosas: el valor y la es-
critura castellana: lo demás, en menos. Treinta y cinco años, o
por ahí; montañés de pecho, con la emoción en cada mano y la
voluntad de encerrarse disciplinado en lo frío y escueto. Su afición profunda a lo barroco y a la sensualidad del bien decir no
le traiciona en la calle: atiende a cuantos se le acercan y juzga
del mayor interés sus más pequeños negocios; le puede uno indulgencia; combátela perdiendo. Se llama Luis Salomar; ha nacido
en los límites de Vizcaya y la Montaña, en una casona de las
de muchos años y pocos dineros, con tíos ricos en los puertos:
Bilbao y Santander, de esos que se fueron en busca de los negocios, dejando el nombre y uno de los hermanos en la tierra. Con
nieves, tiempo por delante y muchos libros, amontonados al pasar de los años y azar de los continentes por un lejano tío aven-
turero, había llegado sin dificultad a mozo, sin madre, muerta
en las primeras lejanías de su niñez; las caricias le supieron
siempre a cosa de criadas. Enamoróse muy joven de una tía suya,
paliducha, fina, alegre, con treinta años pequeños metidos bajo
una manteleta azul: armóse la marimorena cuando la familia
husmeó carne caliente. Con sus dieciocho años, fugóse Luis a
Africa, el corazón destrozado, a alistarse en la Legión. Llevaba
como equipaje un cuaderno de poemas en prosa y la idea de
morir matando infieles. El silbo de las balas y el vivir blanco,
lento, ardiente, devoto, de los moros entreabriéndole la posibilidad de un vivir heroico sin tumba o cuervos inmediatos. A los
dos años recibió carta de su linda tía, desde Barcelona, a donde
la llevó el mal ver de sus familiares. Salomar se liberó después
de la toma de Alhucemas, y fuése «a donde los Condes». Curó
el amor con la presencia, convirtiéndolo en dulce amistad. Traía

el galán un libro y lo publicó con éxito circunscrito a su tierra norteña; comentóse de refilón en algún café de Bilbao donde se reunían gentes que tenían una relación más moral que material con la política, y que no dudaban de poder conservar indefinidamente esa posición. Nuestro hombre escribía bien, con retumba y retumbo, al estilo y gusto de los hijos de don Pedro de Eguilior y de don Miguel de Unamuno. Arremolinábanse 1924-1925.

Salomar gustó apasionadamente de Barcelona, andaba por ella con ínfulas de conquistador, le parecía vivir en unas riquísimas Indias donde cielo y tierra eran españolas por la fuerza de las armas, y los indígenas enanos apenas dignos de su suerte. Apegóse a la ciudad, amó su buen aire y el tufillo de pelea. Debíasele de fuero y derecho habitación en ella. La cercó y halló, muy de su gusto, en la calle de Fernando: un guardillón con azoteílla, que forró de estanterías y rellenó de volúmenes comprados en sus diarias husmas por las librerías de viejo. Dióle por los místicos, no por procurar su salvación, sino por lo enroscado, brillante, barroco, florido, flámeo, retorcido y difícil del estilo y el sólo placer de los vocablos; leyó kilos de predicadores del siglo de oro, pasmábase regodeado ante palabras en desuso, modos anticuados, arcaicos, refranes, y así, para su placer y memoria, vino a formar un archivo de palabras, frases y dichos desusados y aun caídos en olvido: amontonó miles que ordenaba en lo mejor de sus noches, en muy cuidados ficheros. Vivió temporadas enteras enfrentándose con Isabel de Castilla, Gonzalo de Córdoba o Fray Luis de Granada; salía de esos vis a vis con una España Imperial colgándose en papandujas por todos los intersticios. Escribía con dificultad, la constante preocupación del modelo le impedía el vuelapluma, volvía diez veces sobre lo hecho quitándole toda espontaneidad, sacrificando al bien decir toda doctrina.

Nacían por entonces, en todas las capitales españolas, revistillas literarias; la dictadura regalaba tiempo y el ocio engendraba bravas maneras de decir. La conmemoración de Góngora ayudó a todos. Fue la fiesta de «Las Soledades». La poesía vino a cifra y fábrica en los menores: pero rara vez se habían hallado vivos tantos poetas jóvenes con tan ricas dotes: García Lorca en Granada, Alberti en Puerto de Santa María, Guillén en Valladolid, Salinas en Madrid, Diego en Santander y Gijón, Prados y Altolaguirre en Málaga, y sus maestros Juan Ramón Jiménez, Miguel de Unamuno y Antonio Machado. Salomar decidió que Barcelona no podía vivir sin revista, y la fundó. Juntóse con vates aquejados de mal de imprenta, dependientes de comercio en celo de lectura, vagos profesores de literatura, catalanes con reconcomios de ser nombrados en las tertulias de Madrid: nadie que le llegase al calcañar. Con sus escasos dineros —malvivía de traducciones— y su tenacidad, la revista pasó adelante y tuvo su tertulia.

Luis Salomar se mantenía de leche, fruta viva, almendras y alguna ensalada que partía con su tortuga, del mismo modo que la leche era a medias con su gato. El amor se le convertía en recuerdo de mocedad, y en cuanto a la coyunda, los nada santos aledaños de su casa se las permitían frecuentes y variadas; alguna hurgamandera reincidía sin querer percibir salario, vencida por su buena voluntad, hombría y falta de malicia. Su tía, de tarde en tarde, llegaba a poner en orden la buharda; no en su mesa, siempre lucida, sin papeles inútiles. Barcelona, la segregada en siglos por el puerto, atábale y desatábale los sentidos. Permitíase sin remordimientos, cuando tuvo amigos, juergas que corrían del tinto o del verde a la más encendida solera; gustaba de broncos vinos españoles y viejos platos castellanos y norteños: chorizo riojano cocido en vino, pote gallego, cordero asado, o de una tortilla de patatas, gruesa como de dos dedos, aceitosa y fría, rebañada con ajoaceite, bien mullido de Riojas o Valdepeñas, con queso manchego, almíbar de guindas, pestiños, polvorones o alajús por montera, el todo emparedado entre los esforzados caldos de Sanlúcar o Moriles. Zahería a sus compañeros aficionados a alcoholes extranjeros tratándoles de bembones, maricas y franchutes; íbase a dormir el último, a su palomar, muy derecho y muy curda.

Para él existían los españoles y los árabes; luego —esperando órdenes a lo doméstico— los italianos y los flamencos; enfrente los enemigos: ingleses, a su lado los descarrías: portugueses y americanos, a quienes, un día, habría que volver al hato de grado o a la fuerza; y en el centro, a medias querida y campo de flores y batallas, Francia. Parecióle, naturalmente, de perlas el movimiento de José Antonio Primo de Rivera; éste comprendió que Luis Salomar era un elemento aprovechable para su menguada, nesciente, pataratera y señoritil hueste; el escritor montañés, ingenuo, soltero, duro y obediente, modesto con su orgullo de hombre a cuestas, era una base segura.

Extracto de *Campo cerrado*, pp. 118-123.

9. JOSE BERGAMIN Y ARTURO SERRANO PLAJA:
   CARTAS

Estas dos cartas fueron publicadas por la revista Leviatán *(en Madrid, septiembre-octubre-noviembre 1935). Al recogerlas ahora para los lectores de* Cruz y Raya, *cumplo gustosamente una doble finalidad: el reconocimiento mío a* Leviatán *por su generosa acogida a mi réplica y el ofrecimiento a nuestros lectores de este personal incidente producido al margen de un comentario, de ellos conocido, y gracias, pues debo agradecerlo, a la noble carta de Arturo Serrano Plaja, que merece ser leída por todos.*

¡Ya hubiera deseado yo siempre que otras consonancias y discre-
pancias con la revista se nos hubiesen manifestado con la misma
franqueza y claridad, tan verdaderamente ejemplares, como éstas
de Arturo Serrano Plaja en su «carta abierta»!

J. B.

A José Bergamín

... Y esto es, precisamente, lo que define la diferencia especí-
fica, socialmente hablando entre el *cristianismo no histórico,*
evolutivo o progresivo, y el no cristianismo, el marxismo en este
caso: *dar categoría moral y metafísica a la eficacia, o no.* El
cristiano en sí, el *cristiano no histórico,* como consecuencia de
su peculiar actitud religiosa, debe aceptar el sufrimiento, la explotación capitalista, puesto que la explotación o la no explotación no tienen sentido, no cuentan en su tabla de valores. Y, a
lo sumo, debe tratar de llevar el convencimiento, la fe individual, subjetiva, para su propia salvación —ya que de manera
exclusiva es lo único que entiende, lo único que quiere entender—, incluso al explotador mismo, considerado, en su acepción,
como el verdadero *dejado de la mano de Dios.* Estimándole
como hermano y tanto más en cuanto que, por su propia des-
gracia, es desgraciado.

Para el marxista, en cambio, es a partir de una *eficacia social*
cuando el hombre, los trabajadores, la *masa* (que a ese estado
de *cosa,* como usted dice, créame, ha reducido el capitalismo
al pueblo como persona. Y esa imposibilidad, aludida también
por Gide, de comulgar hoy con el pueblo: con la masa, con ese
algo inconsciente y anónimo, no es otra cosa sino la consecuencia más directa de esto, de esa impotencia moral en que el
capitalismo ha sumido a las grandes multitudes puestas a su
servicio); cuando la masa, digo, pueda individualizarse, pueda
conquistar su soledad, y entonces, *a solas* consigo mismo, pueda
enfrentarse con ese algo terrible y angustioso que es la vida:
la muerte. Porque si es ésta la causa de posibles desesperaciones,
¿no serán precisamente los *clavos ardiendo* los de Cristo, *los cla-*
vos de Cristo? ¿No será la religiosidad cristiana un clavo ardiendo donde asirse para afrontar *esa profunda mar que es el morir?*

Y si hago alusión a esta religiosidad moral del cristianismo
es porque usted mismo excluye el *cristianismo histórico, evolu-*
tivo o progresivo, y queda entonces, tan sólo, lo que usted llama
cristianismo revolucionario permanente, que, formalmente, es el
cristianismo moral.

Pero interpreta, a mi parecer, equivocadamente, cuando del
párrafo: *Yo no puedo admitir que el hombre cese de interesar-*
nos cuando cesa de sufrir y de estar oprimido. «Yo me niego
a admitir que el hombre merezca nuestra simpatía solamente por
ser miserable», destaca la parte subrayada. Precisamente ésta es
una clásica actitud marxista —y no cristiana, por tanto—, en

cuanto supone, sin hacer motivación sentimental de la miseria, que a partir de un estado social *en que haya hombres* —como dice Gide— *a quienes la alegría pueda también engrandecer,* supone, digo, al menos implícitamente, que será entonces cuando los hombres tendrán más interés, más individualidad, *más soledad* poblada y sentida en íntima comunión con los demás: en una *fraternidad viril,* como ha dicho Malraux, o en una *fraternidad laboriosa,* como, con profundísima frase, estableció Antonio Machado.

Porque si es cierto, como afirma Gide, que *el sufrimiento frecuentemente magnifica: es decir, que «cuando no nos prosterna» nos endurece,* nos broncea, no es menos cierto que, a la masa, el sufrimiento la prosterna con más frecuencia que la endurece. Experiencia ya prevista y reiteradamente comprobada por los marxistas al chocar, en su avance revolucionario a través de ciertos países de un elevado desarrollo capitalista, con el peso muerto del *Lumpen proletariat,* de los obreros parados, indigentes, miserables, a quienes el sufrimiento había prosternado hasta el punto de luchar, por los intereses de la clase que los explota y los coloca en tan desesperada situación, servilmente. Alemania, Italia, como países típicos. Experiencia, también, comprobada y utilizada por la burguesía con feroz crueldad, haciendo objeto de su histérico despotismo a esos mismos parados que por hambre, por *sufrimiento material,* habían perdido su *conciencia moral,* se habían entregado, llevados de su desesperación, a su propia muerte como destino histórico.

¿Cómo, pues, a un marxista le ha de interesar solamente la miseria, si es, justamente, a partir de la no miseria, de la no explotación (a partir, en definitiva, de la toma del poder político para el proletariado), cuando espera realizar la fase más positiva de su obra?

Por eso apela, como instrumento el menos doloroso, a la lucha rápida, a la insurrección armada organizada, pero sólo como medio de poder comenzar cuanto antes su verdadera labor. Y si Gide afirma que *esta lucha no la queremos, no la deseamos por sí misma, sino por su resultado,* no va menos lejos Lenin cuando escribe la contundente y célebre frase: *No puedo escuchar música, pues obra en mis nervios, me vienen ganas de decir tonterías amables, de pasar la mano por la cabeza de los hombres que, viviendo en este infierno infecto, han conseguido crear tal belleza. Pero hoy no se puede pasar la mano por la cabeza de nadie, pues os morderán, y resulta «más conveniente golpear cabezas, golpearlas implacablemente, aunque en ideal seamos enemigos de la violencia».* Así, con toda la dureza implacable y *conveniente,* es como hay que plantear la cuestión previa, la lucha, pues en la lucha estamos, para poder llegar al hombre...

ARTURO SERRANO PLAJA

* * *

172

A Arturo Serrano Plaja

... También pasó por mí, en la adolescencia, aquel momento que expresó Huysmans con la imagen ineludible de una necesaria, precisa, irreparable elección entre un crucifijo y una pistola. Por eso dije, alguna vez, que si yo creyera en la muerte me pegaría un tiro. No es ésta otra cosa, a mi parecer, y usando la terminología de la religión que profeso, que la natural voluntad infernal que tiene el hombre de cumplir su destino: esto es, de condenarse, o sea de suicidarse viviendo fatalmente o muriendo voluntariamente, matándose de repente. Pues esta voluntad de condenarse el hombre a su propio juicio es el querer más definitivo: el de la muerte. No hay, en mi sentir, misericordia o comunión natural humana que mitigue en nosotros este voluntario y placentero suplicio; este odio amoroso de nosotros mismos, este, como le dijo acertadamente Barrés, *plaisir de se detruire*. Lo que llama el hombre vivir, gozosa o dolorosamente, no suele ser más que esto: destruirse. Mas sucede que, en este empeño dramático, en este dilema de opción de nuestra voluntad, que Huysmans sintetizaba significativamente entre la cruz y la pistola, hay quienes se deciden por la pistola, no para dispararla contra sí, sino contra los otros; y también hay quienes optan por la cruz para andar a cristazo limpio, o sucio, con todos y con todo. Para romperles la cabeza a los demás con ella. Y éstos son los suicidas peores; los que quieren suicidarse fuera de sí mismos; los que quieren suicidar a los demás en lugar propio. Es ésta una trágica farsa, de la cual se cree el que la ejecuta ser actor veraz e irresponsable. Y así vamos viendo a estos pretendidos ejecutores, cada cual a su modo, de esas ciertas o inciertas, pretendidas justicias, interpretar teatralmente el deber de su propio destino suicidante con la más terrible de las indiferencias fratricidas. Que hay hasta sedicentes católicos, anarquistas, que practican en nombre de un Estado suicida —por ellos mismos *accidentalizado* de ese modo— este enmascarado terrorismo, causante ya en España, como usted dolorosamente sabe, de tantas víctimas. Como también hay los *cazadores con pistola*, de ojeo y apostados, que, como suted tampoco ignora, hasta los hay a sueldo de aquellos mismos que se dicen representar *accidentalmente* al Estado *accidentalista*: a esa contraída y conllevada, consentida propiedad, que no comunión, fantasmal, de un estado de suicidio nacional colectivo, pues eso que llamó Maragall *sombra y mentira de España* no es otra cosa que esto: suicidio estatal o estatuido accidente. Sombra y mentira que les viene causando a muchos, como a nosotros, esta parte de angustioso malestar y desasosiego humano, social, en que vivimos: en que coincidimos.

No es esto confirmarle el supuesto, por usted quizá sugerido, de que yo padezca o comparta un cierto misticismo desesperado, más que cristiano, sorelista, que, en todo caso, desembocaría en mí, por falsas razones ideales, a esa otra especie de pasivi-

173

dad resignada que usted parece atribuirme. Y hasta en la simpatía, por la piedad, con mis peores enemigos. Una simpatía disolvente de la sana y justa oposición viva que en usted y otros como usted —aunque delicadamente en su carta no lo subraye— se manifiesta. No. Usted sabe, probablemente, con quiénes verdaderamente simpatizo. Es decir, con quiénes me siento coincidir en el aliento animador de sus rebeldías. Cuando yo estuve en Rusia, en 1928, traje de aquel rápido contacto vivo una lección moral inolvidable: algo que, como dije entonces, me había enseñado para siempre, aún más que el sabor de la sangre, el gusto y regusto del pan, entero y compartido. Y este gusto o sabor de comunión humana no podré olvidarlo, como le digo, porque, siendo tan puro, se adentra y vivifica cada vez más en mi recuerdo; y eso, mientras más se acentúa en mí, espiritualmente, el hambre de otro pan imperecedero. Y la sed de otra sangre. Por eso yo no soy esa especie de idealista o intelectualista que usted tal vez supone. O no quiero serlo. Por eso sé, ahora, que mis peores enemigos son fantasmas tan sólo de mí mismo, y trato de vencerlos en mí, de matarlos en mí primeramente, porque creo que la única manera de matar a la muerte es matar en nosotros su presencia: que en esto consiste el *no ser suicida*, propio ni ajeno; suicida o verdugo suicidador de esos que le digo. Por eso me he dado a la cruz —me he dado a la cruz sin comprarla y sin venderla, sin comerciar con ella—. Por eso no me he dado a la pistola, ni en el acto ni en la palabra —que es peor—, como hacen tantos de esos —tantos y tan tontos— pretendidos cruzados de Cristo, que todavía muestran, sin saberlo, cruzada la cara, en efecto, por el latigazo del templo. Y de esta afirmación cristiana, que es la negación de mí mismo, he partido —partiéndome realmente en la íntima contradicción de mi ser en que *vivo muriendo* y en que *muriendo vivo*, pero sin matar y sin matarme, o sin querer matarme...

... Y ya sé yo también que, como profunda y luminosamente percibía el gran Peguy, entre la miseria material y la pobreza hay la abismal distancia que del infierno al purgatorio. Que los términos de *miseria* y *pobreza*, en el orden material y espiritual, son de este modo correlativos. Pues esto, entre otras cosas, significa para mí el pueblo: la personificación viva y verdadera del cristianismo al historiarse el *hombre nuevo* en un revolucionario, y no evolutivo ni progresivo, afán de salvación humana eterna, permanente. Aunque con esto que le digo llegamos ya a esas fronterizas regiones poéticas —para usted acaso pueriles (para mí, también, y, por lo mismo, insuperables)— en las cuales es pueblo y es infancia el hombre eternamente nuevo, con todo el purísimo dolor y la inefable, inquebrantable alegría de serlo. Sueño de vida éste que es la más tremenda realidad de lo que somos, cuando somos y porque, como dijo Shakespeare, esa misma realidad, materia, estofa de nuestro sueño, de nuestros sueños.

Ayudar al pueblo, ¿no será ayudarle a soñar, pero a soñar despierto? Enseñarle, como diría Píndaro, a ser lo que es: su propio sueño. Y a que él nos lo enseñe a nosotros, a que él *nos ayude*. Y esto con verdadera religión —que no es opio, que es todo lo contrario—. Con la fe, que es *despertador* y no *adormidera*. Con clavos ardiendo de fe. Con los clavos o por los clavos de Cristo, como usted dice. Fervorosamente. Que un sueño saca a otro sueño, como un clavo saca a otro clavo.

Pues este sueño al que se despierta de la vida es el cuento de nunca acabar, que nos esperanza a la vez que nos desespera. Y esto sí que es lo otro y lo de más allá, todo junto. La revolución permanente. Pero entre tanto, amigo mío, ¿cómo voy a negarle que hace falta otra cosa más? Un pan y un agua, vivos, sin los cuales no se puede soñar, porque ni se es siquiera; sin los cuales *se duerme* en la torpeza embrutecedora de la muerte, de la *muerte perezosa y larga*, que dijo nuestro popular Lope; se duerme sin sueño y sin descanso, se duerme mortalmente envenenado de inconsciencia. ¡Y esto sí que es opio, perder *el dolorido sentir!* ¡Esa sí que es miseria total definitiva! ¿Qué cristiano va a tolerar siquiera, a soportar sin repugnancia, esta situación *capitalista?*...

JOSE BERGAMIN

Extractos de las cartas cruzadas entre José Bergamín y Arturo Serrano Plaja, recogidas en *Cruz y Raya*, núm. 32, noviembre de 1933.

INDICE DE DOCUMENTOS

178

181

ESTUDIOS DE HISTORIA CONTEMPORANEA SIGLO XXI

Volúmenes publicados hasta abril de 1978.

HISTORIA
DE LOS MOVIMIENTOS SOCIALES